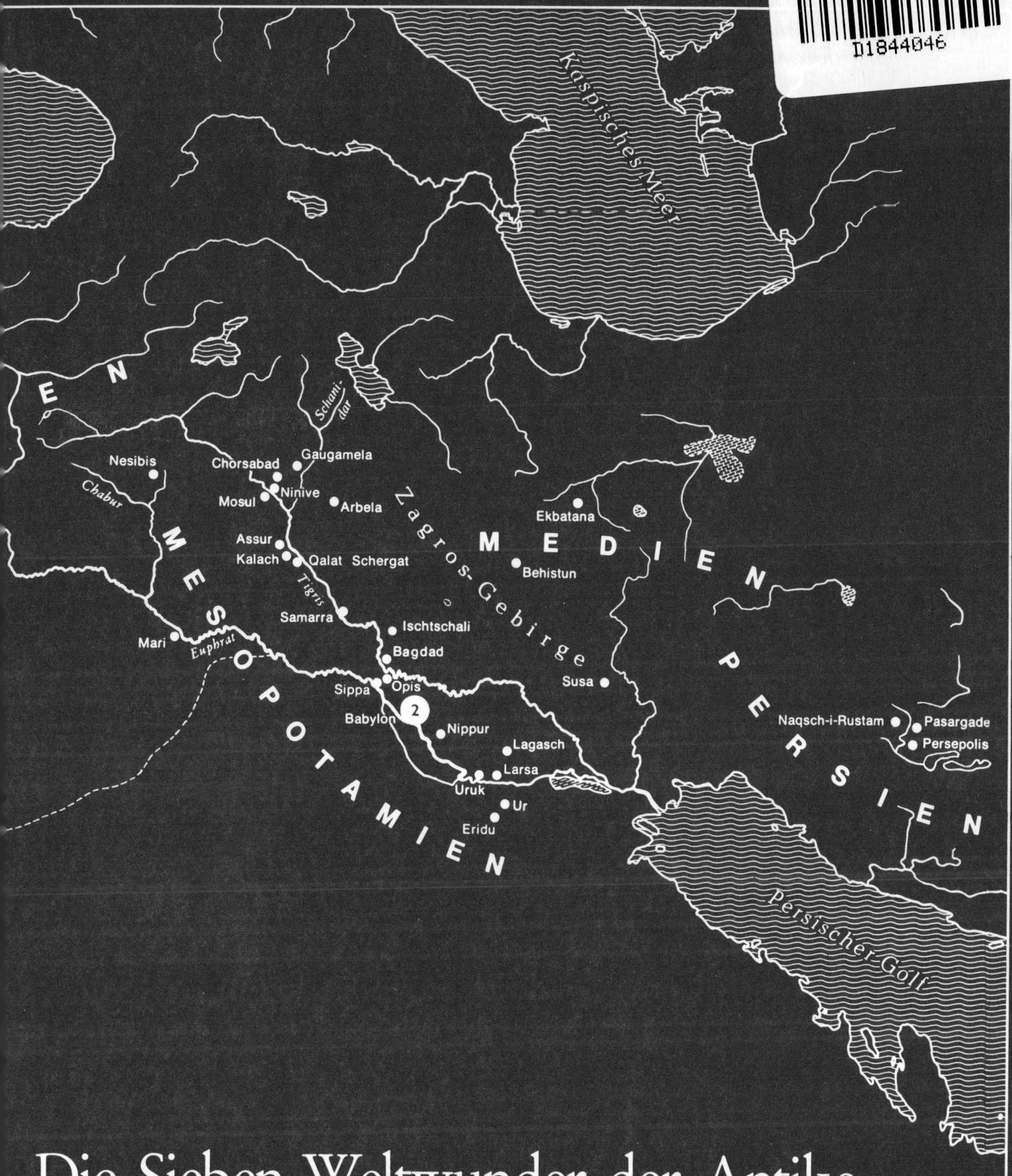

Die Sieben Weltwunder der Antike

Artur Müller · Rolf Ammon
Die Sieben Weltwunder

Dokumentation
und Text: Artur Müller
Fotografie: Rolf Ammon
Layout: Volkmar Reiter
Redaktion: Dr. Ortrud Reichel

VERLEGT BEI

KAISER

Artur Müller
Rolf Ammon

DIE SIEBEN WELT WUNDER

5000 Jahre
Kultur und Geschichte
der Antike

Berechtigte Ausgabe für den Neuen Kaiser Verlag —
Gesellschaft m.b.H. Klagenfurt
2., überarbeitete Fassung der deutschen Ausgabe

Schutzumschlagentwurf von Volkmar Reiter unter Verwendung
eines Farbfotos »Gizeh, Cheopspyramide und Sphinx«
von Zentrale Farbbild-Agentur, Düsseldorf
Schrift: 8 und 14 Punkt Garamond
Druck und Bindearbeit: Gorenjski tisk, Kranj — Slovenija

Inhalt

Literaturhinweise

(Es sind nur solche Werke in Auswahl angeführt, die in neuerer Zeit erschienen und für den interessierten Laien gedacht sind. Zum Teil sind in diesen Werken umfangreichere Bibliographien enthalten.)

Allgemeine Geschichtswerke:

Propyläen-Weltgeschichte, hrsg. von Golo Mann und Alfred Heuß, Bd. 1–3, Berlin 1960 ff.

Meyer, Eduard, Geschichte des Altertums, 5 Bde., Neuauflage, hrsg. von E. Stier, Stuttgart 1953–1958

Rostovtzeff, Michael, Geschichte der Alten Welt, 2 Bde., Bremen 1961

Friedell, Egon, Kulturgeschichte Ägyptens und des Alten Orients, München 1963

Archäologie:

Handbuch der Archäologie, begründet von Walter Otto, 4 Bde., München 1939, 1950, 1953, 1954

Ceram, C. W., Götter, Gräber und Gelehrte, Hamburg 1964

Zur Geschichte Mesopotamiens:

Lenzen, H. J., Die Sumerer, Berlin 1948

Parrot, A., Sumer, Die mesopotamische Kunst von den Anfängen bis zum 12. vorchristlichen Jahrhundert, München 1960

Parrot, A., Assur. Die mesopotamische Kunst vom 13. vorchristlichen Jahrhundert bis zum Tode Alexanders des Großen, München 1961

Schmökel, H., Ur, Assur und Babylon, Große Kulturen der Frühzeit, Stuttgart 1955

Strommenger, E., und Hirmer, M., Fünf Jahrtausende Mesopotamien, München 1962

Zur Geschichte Ägyptens:

Breasted, J. H., Geschichte Ägyptens, Zürich 1954

Cottrell, L., Das Volk der Pharaonen, Konstanz 1956

Kees, H., Ägypten, Handbuch der Altertumswissenschaft III, 1, 3, Kulturgeschichte des Alten Orients 1, München 1933

Otto, E., Ägypten. Der Weg des Pharaonenreiches, 3. Auflage, Stuttgart 1958

Sameh, Waley-el-dine, Alltag im alten Ägypten, München 1963

Scharff, A., und Moortgart, A., Ägypten und Vorderasien im Altertum, München 1950

Wolf, W., Kulturgeschichte des Alten Ägyptens, Stuttgart 1962

Ziock, H., Ägypten, 4. Auflage, Berlin 1965

Zur Geschichte Griechenlands:

Bengtson, H., Griechische Geschichte von den Anfängen bis in die römische Kaiserzeit, 3. Auflage, Handbuch der Altertumswissenschaft III, 4, München 1964

Berve, H., Griechische Geschichte, 2 Bde., 3. Auflage, Freiburg 1953

Boulanger, R., Griechenland, Paris, o. J.

Burckhardt, J., Griechische Kulturgeschichte, hrsg. von J. Oeri, 4 Bde., Neuauflage, Basel 1956–1957

Caucig, F. von, Türkei, 4. Auflage, Berlin 1964

Friedell, E., Kulturgeschichte Griechenlands, München 1949

Kerényi, R., Die Mythologie der Griechen, 2 Bde., Zürich 1964, 1968

Kirsten, E., und Kraiker, W., Griechenlandkunde. Ein Führer zu klassischen Stätten, Heidelberg 1957

Im Anfang war die Zahl

Wenn wir die modernen Städte betrachten bei Tag und Nacht, diese Wunderwerke an Organisation und Technik, wenn wir an die Kunst der Medizin denken, die klinisch Tote wieder zum Leben erweckt, oder an die Apparate, die der Mensch erfunden hat, daß sie schneller und exakter arbeiten als er, an die Flugzeuge, die meteorhaft über die Erde fliegen, von einem Ende zum anderen, oder an die Kapseln, die von Raketen getrieben auf dem Mond landen, dann fällt es uns schwer, gleichzeitig an den Menschen als Tier, unter Tieren lebend, zu denken, an den Menschen, der Zehntausende von Jahren brauchte, um sich das erste Werkzeug aus Stein zu fertigen, das erste Feuer zu entzünden und sich aus Zweigen, Erde und Steinen die erste Höhlenwohnung zu bauen. Wenn wir aber erleben, wie der moderne Mensch Kriege führt und mordet, grausam ist und bestialisch, dann will uns der Unterschied zwischen Mensch und Tier auch heute nicht allzu groß erscheinen, dann sehen wir ein, daß der Mensch nach Gesetzen lebt, die ihm seit urdenklicher Vorzeit vererbt wurden.

Es ist ein ewiges Leben und Sterben: Sterne tauchen auf und zersprühen, Kontinente steigen hoch und versinken, Völker brechen vor aus dem Nichts, errichten Wunderwerke und verschwinden wieder, als wären sie nie gewesen. »Alles fließt.« Was gestern groß war und unvergänglich schien, darüber weht heute der Sand. Wie ein Büschel Werg im Feuer, so vergeht der Ruhm der Welt.

Aber eben deshalb sucht der Mensch in der Vergangenheit das, was geblieben ist, das Große und Kleine, das Schöne und das Schaurige, denn daß er und alles, was er schafft, vergänglich sei, das ist dem Menschen ein Greuel und Schrecken.

Forschend müht er sich, das Gebliebene zu suchen und sich die Unzerreißbarkeit der Lebenskette zu beweisen. In der Geschichte der Menschen und ihrer Welt versucht er zu ergründen, was geschehen ist. Doch das allein genügt ihm nicht, er will auch wissen, warum es geschah und ob und wie es mit gleichzeitigen Ereignissen an anderen Orten verknüpft ist. Und heimlich hofft er, Gesetze abzuleiten, die es ihm erlauben, Herr über die Ereignisse zu werden und den Ablauf der Geschichte zu bestimmen.

Die Geschichte der Erde begann vor etwa fünfhundertvierzig Millionen Jahren. Und im Verlauf von etwa dreihundert Millionen Jahren erschienen auf der Erde Pflanzen, einige Wirbeltiere, Krebse, Knorpelfische und schließlich Reptilien. In den folgenden hundertvierzig Millionen Jahren lebten die großen Saurier auf der Erde, aus den Reptilien gingen die ersten Vögel hervor, Säugetiere wuchsen heran, und große Bäume gediehen. Es brauchte fast wieder fünfundfünfzig Millionen Jahre, bis sich die Säugetiere weiterentwickelten, bis die ersten Menschenaffen auftraten, die das Feuer kannten und Knochen und Steine als Werkzeuge benutzten. Aber erst in der Eiszeit – sie liegt zwischen den Jahren 600 000 bis 10 000 v. Chr. – können wir einen in Höhlen wohnenden Menschen erkennen, der von der Jagd lebte und der die Welt, die ihn umgab, künstlerisch zu gestalten verstand. Sein Idol blickt uns aus großen, runden Augen an, das Gesicht verschattet von der Maske eines Hirsches, ausgezeichnet mit den Pfoten eines Bären und dem Schweif eines Pferdes.

Der erste Mensch, der Abschluß der Schöpfungsgeschichte, ist Inhalt aller Mythen und Gegenstand aller wissenschaftlichen Forschung. Über dem Menschen steht Gott, und er ist durch seinen unmittelbaren Umgang mit ihm ausgezeichnet. Gott spricht: »Es ist nicht gut, daß der Mensch allein sei: ich will ihm eine Gehilfin machen, die um ihn sei.« Und er erschafft dem ersten Menschen, aus ihm selbst, die Frau. Beiden richtet er das Gebot auf, nicht zu essen von dem Baume inmitten des Gartens Eden, dem

Dämon der griechischen Jenseitsvorstellung, Ausschnitt aus der Grabstele des Artemon, attisch, Mitte des 4. Jahrhunderts v. Chr., München, Glyptothek

Baum der Erkenntnis des Guten und Bösen, daß sie nicht den Tod erlitten. Gereizt von der listigen Schlange, brach das Weib die Frucht vom Baume der Erkenntnis, und sie aßen beide davon. Nun standen sie zwischen Gut und Böse, zwischen Leben und Tod, die Zeitlichkeit begann, die ohne Unterlaß Entscheidungen von ihnen verlangte. So berichtet es uns die Bibel.

Im griechischen Mythos ist der Mensch dem Boden der Urmutter Erde entwachsen, die auch die Götter gebar. Und die Muttersöhne, Götter und Menschen, traten in Bruderstreit gegeneinander. Der Titanensohn Prometheus stahl das Feuer vom Himmel und

Flugsaurier, Oberer Weißjura, 140 Millionen Jahre, Eichstätt, München, Paläontologisches Institut

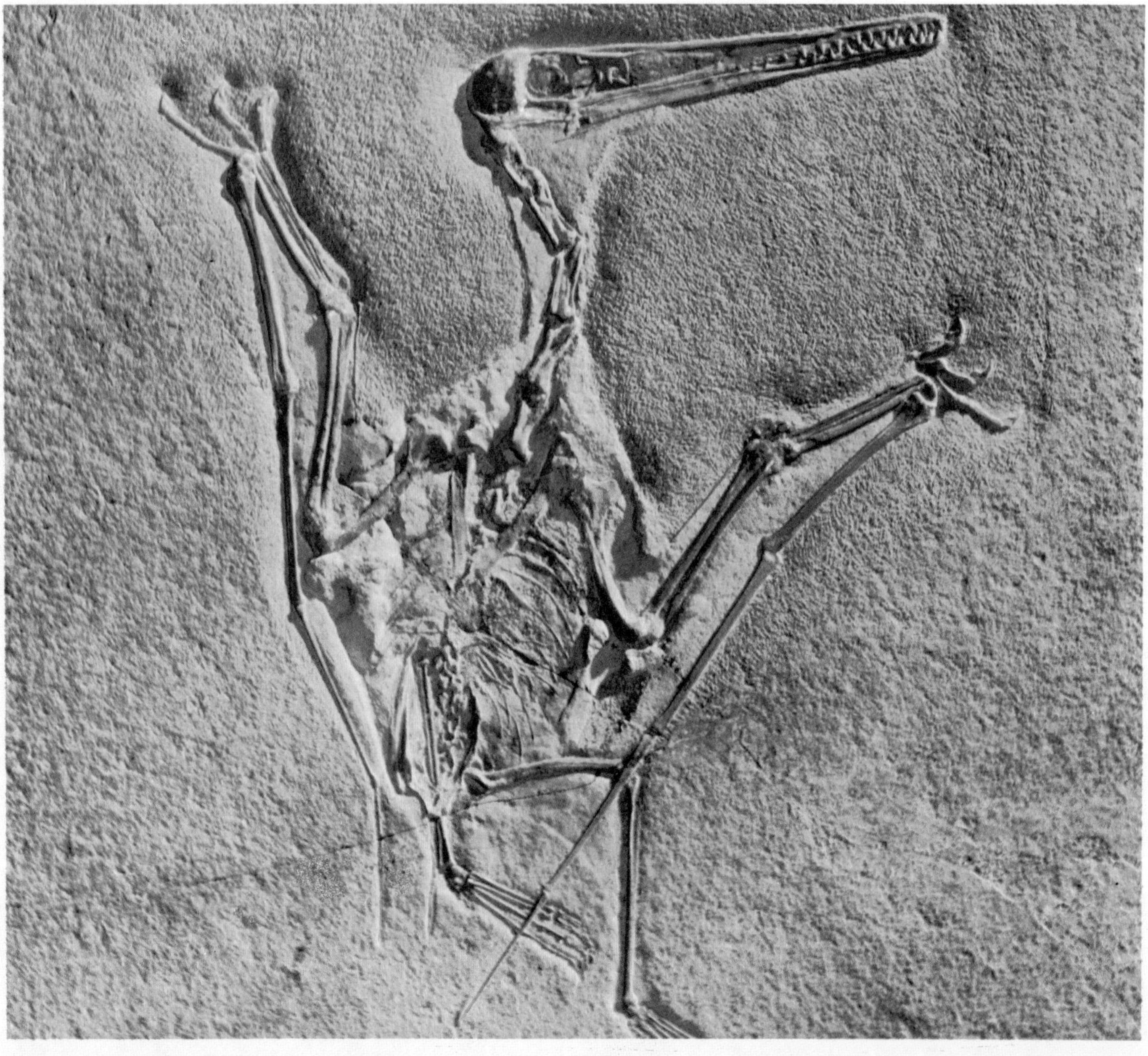

schenkte es den Menschen. Da schwor Zeus den Menschen Vernichtung. Er formte aus Ton Pandora, die schönste Frau, die je geschaffen wurde, und gab ihr ein Kästchen mit, das alle Übel enthielt. Und der Mensch nahm das Weib auf und öffnete die geheimnisvolle Gabe der Götter. Und so begann das Schicksal der Menschheit.

Geplagt von Krankheit, Alter, Irrsinn, Laster und Leidenschaften, suchten die Menschen den Rückweg zum Umgang mit Gott. Abraham schloß einen Bund mit Gott, der im Neuen Bund durch Gottes Sohn und sein Selbstopfer die Erlösung des Menschen ermöglicht. Die Griechen suchten bei der Urmutter, der

Homo sapiens fossilies – männlicher (links) und weiblicher (rechts) Schädel – Altsteinzeit, 80 000–10 000, Fundort Obercassel bei Bonn, München, Anthropologisches Institut

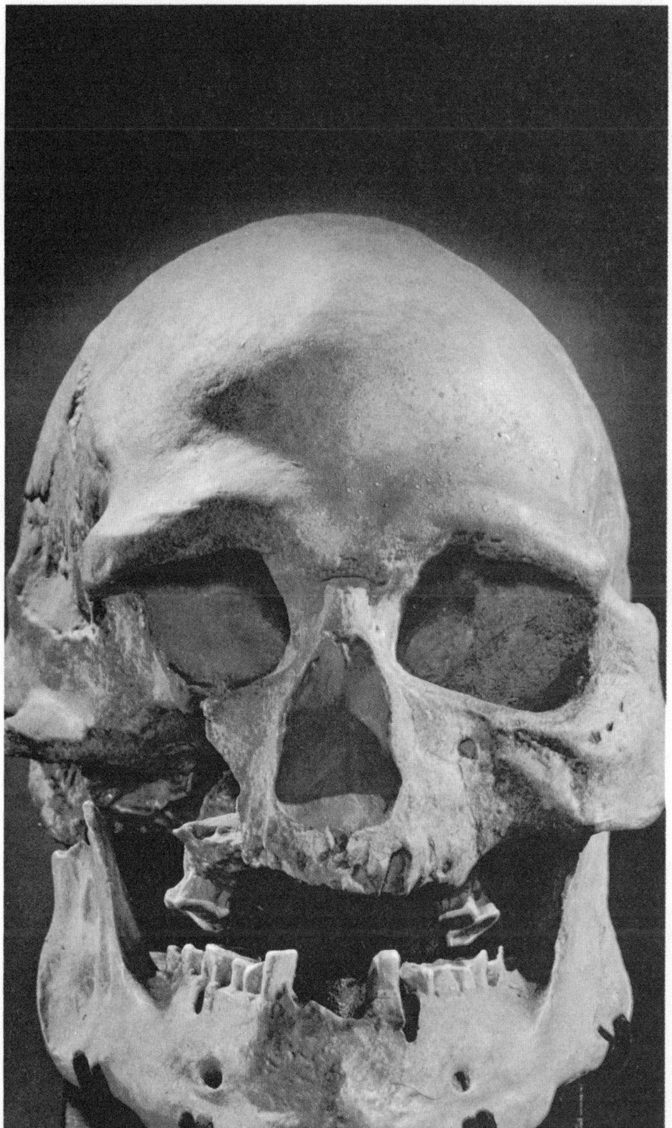

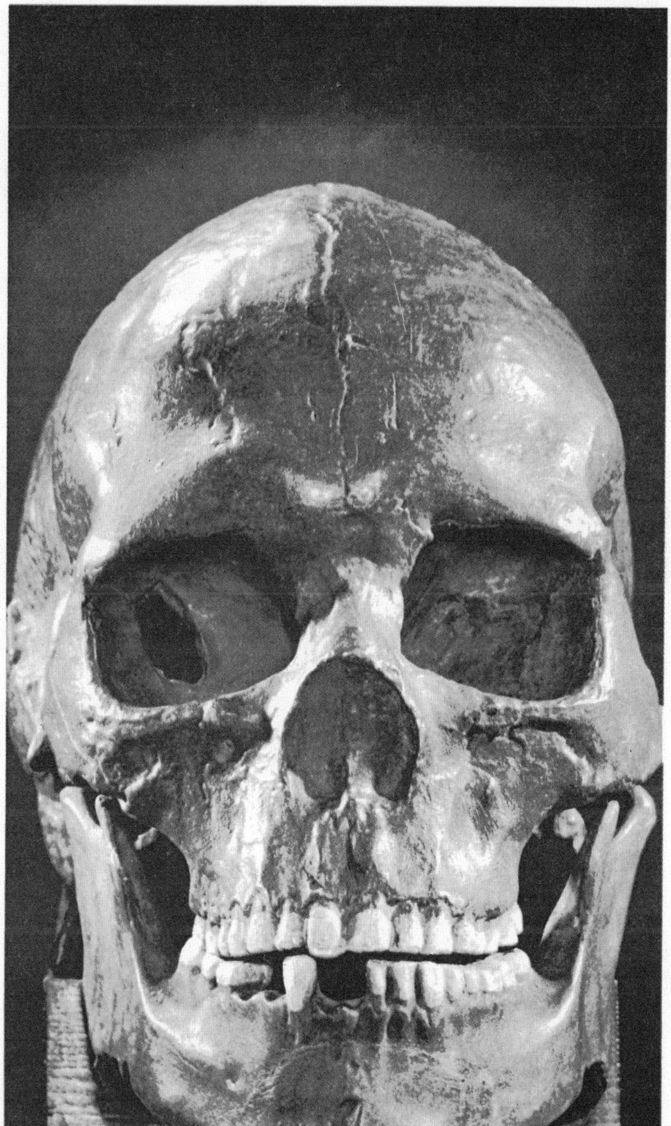

großen Göttin und dem Bund der Mysterien Wandlung und Erlösung.
So steht der Mensch auf Erden: zwischen Gut und Böse, zwischen Krieg und Frieden, zwischen Ergebung und Auflehnung, zwischen Himmel und Hölle, zwischen Leben und Tod. Teilhaftig des Göttlichen, ist er gleichzeitig sein Widerspiel. Er ist Schöpfer des Schönen und Wahrhaftigen, und er ist gleichzeitig Vernichter der göttergleichen Welt. Der Weg der Menschheit ist mit Glanz und Schönheit, aber auch mit Blut und Tränen gezeichnet. Sicht- und deutbar

Kampf zwischen Giganten und Göttern, aus dem Fries des Schatzhauses der Siphnier in Delphoi

wird dieser Weg für uns zuerst in Ägypten, Mesopotamien und Mittelasien. Im 3. Jahrtausend wird hier ein erster Höhepunkt politisch-gesellschaftlichen Lebens und kulturellen Schaffens erreicht.

Einen zweiten Gipfelpunkt erreicht die Menschheit im 2. Jahrtausend in Ägypten und Kleinasien. Vom 8. bis zum 6. Jahrhundert führt der von Glanz und Blut gezeichnete Weg über Assyrien und Persien nach Griechenland. Die Welt wird aus Willen und Phantasie neu geboren. Langsam wechselt die Spur nach Italien hinüber. Rom eint vom ersten vorchristlichen bis ins erste nachchristliche Jahrhundert ganz Westeuropa und faßt schließlich die ganze damals bekannte Welt zu einem Reich zusammen. Schon ein Jahrhundert später erlahmt die schöpferische Kraft der Alten Welt. Die Germanen im Westen und die Slawen im Osten zerreißen das römische Weltreich in ein weströmisches und ein oströmisches Reich.

Völker und Herrscher vergingen, die erhabensten Zeugnisse der Kunst und Kultur wurden zertrümmert, zerstört oder gänzlich vernichtet. Was blieb, war und ist das Traumbild eines menschlich-übermenschlichen Bemühens, die Erinnerung an steile Höhen menschlicher Zivilisation und Kultur und das Wissen, daß alles weitere menschliche Mühen sich nur im Ausmaß, nie aber im Wesen von dem in der Antike schon einmal Erreichten unterscheiden kann. Der Mensch kann erkennen, daß die Entwicklungen von gestern, die einer alten, längst vergangenen Welt, auch die Entwicklungen von heute sind. Er kann wissen, daß die Menschen aller Zeiten sich mühen, den gleichen Stein den Berg hinaufzuwälzen. Den gleichen Stein: die Herrschaft einer zentralen Bürokratie oder eines einzelnen, in deren Händen alle Fäden zusammenlaufen und durch deren Fingerbewegungen die Untergebenen gelenkt werden, wie die Herrschenden es wollen, oder die Herrschaft des souveränen Volkes durch seine erwählten Vertreter. Und endlich der Versuch, die sich selbst regierenden freien Staaten zu einem großen Bunde zusammenzuschließen und der Welt den Frieden zu geben.

Aus Zeit und Bewegung entsteht Vergänglichkeit. Aus Vergänglichkeit der Wunsch nach Beharren. Aus dem Wunsch nach Beharren der Wille zur mahnenden Erinnerung, zum Monument. Gleich wie das Plejadengestirn, die sieben himmlischen Töchter, dem nachtblauen Mantel des Himmels übergeworfen ist, ihn haltend und raffend, das Gestirn der Plejaden, die alle Arbeit auf der Erde und den Meeren regierten und Stammütter der großen, uralten Heroengeschlechter wurden, die fortzeugend das Geschick der Erde bestimmten, so hielt die Plejade der Weltwunder der Antike, dieses Siebengestirn menschlicher Schöpferkraft, das Band der Zeit über Tausende von Jahren zusammen und erregte Phantasie und Bewunderung aller nachfolgenden Geschlechter.

Ist die Siebenzahl Zufall oder eine Laune der Menschen?

Pythagoras, aus Samos gebürtig, »weise wie der Sterblichen keiner«, lehrte, daß alle Dinge im Himmel und auf Erden nach Zahlenverhältnissen geordnet sind. Ausgangspunkt war die Entdeckung, daß die Tonhöhe einer gespannten Saite genau im umgekehrten Verhältnis zu ihrer jeweiligen Länge steht. Zuverlässige Messungen ergaben, daß die akustisch-harmonischen Grundverhältnisse sich eingebaut finden in den heiligen Gebäuden der Griechen, ja daß sie letztlich in allen heiligen Bauten der alten Welt wiederzufinden sind.

Nach der Symmetrie des Goldenen Schnittes, der heiligen Zahl, wiederholt der Sakralbau als Ganzes, wie in allen seinen Teilen den Makrokosmos. Sein Urheber ist also nicht der Mensch, sondern Gott selbst.

Die Sieben ist die einzige Zahl innerhalb der Zehnerreihe, die weder selbst zeugt noch erzeugt ist. Sie hieß darum die jungfräuliche und erhielt den Namen der Jungfrau Pallas Athene, die, dem Haupt des Zeus

entsprungen, sich keinem der Götter und keinem der Menschen vermählte, die umschlossene und umgrenzte, die vollkommene und vollendete Zahl, Inbegriff der immer sich gleichenden Gottheit, die aber zugleich die Veränderung in der Natur und im Leben der Menschen bewirkt.
Sieben Planeten, von sieben Fürsten regiert, umkreisen in festen Bahnen die Sonne.

oben: Ausschnitt aus den Reliefdarstellungen auf der Thronbasis des Königs Salamanassar III., gefunden in Nimrud, Bagdad, Irak-Museum
unten: Ägyptische Priester und Beamte in aufgeregter Demonstration, bemaltes Relief aus Theben, 20. Dynastie, Kairo, Museum

Die siebenfache Netzhaut des Auges ist der körperliche Ausdruck für die Spiegelung der Siebenzahl in der geistigen und kreatürlichen Welt.
In sieben pyramidale Stufen gliedert sich der Grabbau des Persers Kyros, des Königs der Könige.
Aus sieben Teilen besteht die älteste Pyramide der Ägypter im Totenfeld von Sakkara.
Sieben Satrapen, erwählt aus den sieben mächtigsten Familien Persiens, standen an der Spitze der sieben Provinzen des Reiches.
Und zweimal sieben Völker sind auf dem Reichspalast in Persepolis abgebildet, wie sie den thronenden König der Könige umstehen.
Auf sieben Hügeln standen die Reichs- und Tempelstädte Babylon, Jerusalem und Rom.
Als Gleichnis des ewigen Lichtes, gespiegelt in den sieben Planeten, stand der siebenarmige Leuchter im Tempel Jehovas.
Sieben Jünglinge und sieben Jungfrauen sandte Athen siebenmal sieben Jahre als sühnende Repräsentanten des ganzen Volkes nach Kreta in des Königs Minos Labyrinth mit seinen sieben Umfriedungen. Aber der athenische Held Theseus, der sieben Taten zur Befreiung und Verherrlichung seines Landes vollbrachte, zog mit sieben Paaren ionischer Jugend nach Kreta und machte dem Greuel ein Ende.
Sieben Helden Griechenlands zogen unter Theseus' Führung gegen das siebentorige Theben, um den verbannten Polyneikes wieder auf den ihm zustehenden Thron zu setzen. Es ist deshalb nicht verwunderlich, daß die Griechen des 6. Jahrhunderts v. Chr. sich die »Sieben Weisen« zum Vorbild setzten: Thales, Pittakos, Bias, Solon, Kleobulos, Chilon und Periander.
Über sieben »bestaunenswerte Sehenswürdigkeiten« gab es schon in der Antike einen Kanon.
Es waren:
die drei großen Pyramiden von Gizeh, zwischen den Jahren 2700 und 2600 v. Chr. errichtet;
die Hängenden Gärten der Semiramis in Babylon, angelegt von König Nebukadnezar II., der von 605 bis 562 v. Chr. regierte;
die goldelfenbeinerne Kolossalstatue des Zeus in Olympia, eine Schöpfung des attischen Bildhauers Phidias etwa aus der Zeit 435 bis 420 v. Chr.;
der Tempel der Artemis in Ephesos, nach 365 v. Chr. auf den Fundamenten des durch Brand zerstörten ersten Tempels errichtet;
das Mausoleum von Halikarnass, ein Grabmal für den karischen Fürsten Maussolos, im Auftrag seiner Gattin um und nach 350 v. Chr. erbaut;
der Koloß von Rhodos, eine überdimensionale Bronzestatue des Gottes Helios aus der Zeit zwischen 300 und 280 v. Chr.;
und etwa aus der gleichen Zeit der Pharos von Alexandria, das Vorbild aller Leuchttürme, erbaut unter der Herrschaft der Ptolemäer in Ägypten.
Um das Jahr 250 v. Chr. entstand die erste Liste der »Ta hepta theamata«, die später »die Sieben Weltwunder der Antike« genannt wurden. Sie ist uns nicht im Original erhalten geblieben. Die späteren Listen – aus der Antike sind insgesamt fünfundzwanzig überliefert – gehen jedoch immer wieder auf die erste zurück. Einige Weltwunder variieren dabei. So werden anstelle der Hängenden Gärten von Babylon öfter die Mauern von Babylon genannt, oder auch beide zusammen, während der Pharos von Alexandria noch fehlt.
Die Römer schoben das Amphitheatrum Flavium, das Kolosseum von Rom, in die Liste ein. Und je geringer im Verlaufe der Jahrhunderte die exakte Kenntnis der Bauwerke selbst wurde, desto phantastischer und abstruser wurde die Beschreibung der Objekte.
Bis die Renaissance mit der Wiederentdeckung und Wiedergeburt der Antike auch in dieser Frage sich wieder der ursprünglichen Überlieferung erinnerte. Große Maler und Zeichner wie Marten van Heemskerck (1498–1574), Philipp Galle (1537–1612),

Marten de Vos (1532–1603), um nur die bedeutendsten zu nennen, versuchten nun auch ihre bildliche Rekonstruktion. Die Phantasie spielte dabei noch eine sehr große Rolle. Der berühmte Barockbaumeister Johann Bernhard Fischer von Erlach (1556 bis 1623) versuchte als erster, die Angaben der antiken Autoren so exakt wie möglich in seine Rekonstruktionen einzubauen, und veröffentlichte das Ergebnis in seinem »Entwurff einer Historischen Architectur«, die 1721 zum ersten Male in Wien veröffentlicht wurde. Obwohl ihm noch keine archäologisch-historischen Befunde zur Verfügung standen – diese Forschung setzte ja erst im 19. Jahrhundert

Der Gott Ahura Mazda, Relief in Persepolis

Kampfszene: Viergespann mit Kriegern (Ausschnitt), Bild von einer attischen Halsamphore um 530 v. Chr., München, Staatl. Antikensammlungen

Pharao mit unterworfenen Völkern, bemaltes Relief vom Ptah-Tempel in Memphis, Kairo, Museum

ein –, bestätigte gerade diese die Richtigkeit eines Teiles seiner Darstellungen.

Humanistische Gelehrte haben gelegentlich neue, noch vorhandene für die versunkenen Weltwunder vorgeschlagen, wie den Porzellanturm von Nanking, die Große Chinesische Mauer, die Hagia Sophia in Konstantinopel, den Schiefen Turm von Pisa, die Katakomben von Alexandria, das Kolosseum in Rom und die Steine in Stonehenge in England. Aber der auf die alte Zeit selbst zurückgehende Kanon der Sieben Weltwunder der Antike ist dadurch nicht verändert worden.

Die sichtbaren Zeugnisse bereits vergangener Menschen in eine bestimmte Periode einzuordnen, Sinn und Gebrauch der Dinge zu klären und die Geheimnisse der Formwerdung zu entschleiern, ist Auftrag und Aufgabe der Altertumskunde, der Archäologie. Ihr letztes Ziel ist es, uns dadurch das politische, gesellschaftliche und religiöse Leben der Menschen, die alle diese Werke geschaffen haben, deutlich vor Augen zu stellen.

Alle sichtbaren Zeugnisse der Vergangenheit bezeichnet die Archäologie als Denkmäler.

An ihrer Spitze stehen die unbeweglichen Denkmäler, die Bauten. Dem Werdegang der Kulturen entsprechend, sind es vor allem die Sakralbauten.

Die Profanbauten bilden die zweite Kategorie der unbeweglichen Denkmäler. Es sind Stadtmauern und Tore, Privathäuser, öffentliche Plätze, die dem allgemeinen Handel und Wandel und der politischen Versammlung der Bürger dienten. Es sind Anlagen für Leibesübungen, Unterricht und Wettkampf in Griechenland, wie Stadien, Rennbahnen, Palästren und Gymnasien, Brunnenanlagen, Zisternen, Gasthöfe, Hotels, die, wie das Leonidaion in Olympia, die Besucher der großen Kult- und Sportfeste aufnahmen. Auch die Paläste der Könige, die dem Wohnen und der Repräsentation staatlicher Macht gleichermaßen dienten, müssen hier genannt werden. Profanbauten sind auch die Gräber der großen Herrscher und endlich die Theater in Griechenland, die uns allerdings daran erinnern, daß kein den weltlichen Bedürfnissen dienender Bau ohne Beziehung zum Religiösen und Kultischen war.

Die Großplastiken der altorientalischen Reiche, Griechenlands und der hellenistischen Welt, Einzelfiguren und Gruppen von Göttern, Menschen und Tieren, die kaum noch an ihren ursprünglichen Stellen stehen, sondern über die Museen der ganzen Welt verteilt sind, bilden die zweite Gruppe der archäologischen Denkmäler.

Zur dritten Gruppe gehören die ursprünglich auch bemalten Reliefs, die wir in Ägypten, Babylonien, Assyrien, Persien, in Kleinasien und Griechenland gleichermaßen und über alle Zeiten verteilt finden.

Die vierte Gruppe der archäologischen Denkmäler umfaßt Werke der Kleinkunst, eine Bezeichnung, die nur mit ihrer Größe, nicht mit ihrer Bedeutung zu tun hat. Es sind Bronzestatuetten, Terrakotten und Gegenstände des täglichen Gebrauches. Die Töpferkunst, die Keramik, nimmt innerhalb der Kleinkunst einen ersten Rang ein, denn ohne ihre Erzeugnisse blieben Tausende von Jahren der Vorgeschichte und Geschichte des Altertums für uns völlig im Dunkeln. Alter, Vielfalt und Besonderheit der Keramiken erlauben der Archäologie, Kulturkreise und Epochen voneinander zu trennen.

Seite 20/21: Persischer König mit Phallussymbol und Begleiter, Ausschnitt aus dem rechten Treppenfries der Apadana in Persepolis

oben links: Die Großen Pyramiden, Stich des Barockbaumeisters Fischer von Erlach, London, Bibliothek des Britischen Museums
oben rechts: Die Hängenden Gärten der Semiramis, Stich von Fischer von Erlach, London, Bibliothek des Britischen Museums
unten links: Der Zeus von Olympia, Stich von Fischer von Erlach, London, Bibliothek des Britischen Museums
unten rechts: Der Tempel der Artemis zu Ephesos, Stich von Fischer von Erlach, London, Bibliothek des Britischen Museums

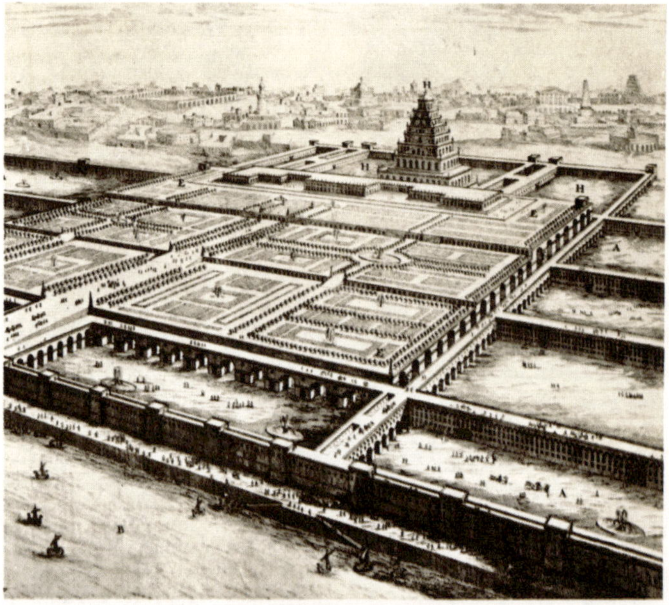

Die Bilder auf den griechischen Vasen vermitteln wenigstens eine Ahnung von der großen Malerei vieler Epochen, deren Werke völlig verlorengegangen sind.

Die Münzprägungen, die im 7. Jahrhundert in den Griechenstädten Kleinasiens beginnen, stellen die fünfte Gruppe der Denkmäler dar, die es der Archäologie ermöglichen, Zeitbestimmungen zu treffen, geschichtliche Persönlichkeiten zu identifizieren, zerstörte Bauwerke zu rekonstruieren, erhaltene Werke der Großplastik wiederzufinden oder von verschollenen unter Zuhilfenahme literarischer Zeugnisse eine klare Vorstellung zu gewinnen.

Die Inschriften bilden die sechste Gruppe der Denk-

oben rechts: Das Mausoleum von Halikarnass, Stich von Fischer von Erlach, London, Bibliothek des Britischen Museums
unten links: Der Koloß von Rhodos, Stich von Fischer von Erlach, London, Bibliothek des Britischen Museums
unten rechts: Der Pharos von Alexandria, Stich von Fischer von Erlach, London, Bibliothek des Britischen Museums

Grab des Kleobulos, auf einer kleinen Insel gegenüber der Akropolis von Lindos auf der Insel Rhodos

Kamelkarawane am Ufer des Ägäischen Meeres bei der Mündung des Flusses Kaystros

mäler. Mit ihrer Hilfe vermag die Archäologie die Geschichte und Kultur über Tausende von Jahren ordnend zu erfassen. Oft bringen erst sie die stummen Denkmäler zum Reden.

Das Anschauen des Objekts ist und bleibt der Ausgangspunkt aller Archäologie, so verschieden auch ihre Methoden sein mögen, die durch die Auffassung einer Zeit und das persönliche Temperament einzelner Wissenschaftler bestimmt werden. Aber die von Menschenhand geschaffenen Werke sind mancherlei Veränderungen, vor allem dem natürlichen Verfall, ausgesetzt.

Doch die Zerstörungen durch Menschenhand sind nicht minder schrecklich.

In der Zeit Johann Joachim Winckelmanns, des ersten und wohl genialsten Archäologen, und noch in den wenigen Jahrzehnten nach seinem Tode (1768) fanden sich kostbare Denkmäler der Antike noch über der Erde. Aber bald waren diese Funde erschöpft, und sie mußten nun der Erde, in die sie gesunken oder von der sie überweht worden waren, abgerungen werden. Das Ausgraben, das anfänglich mehr ein Raubgraben war, eröffnete allerdings für die Archäologie völlig neue Perspektiven. Denn nun sahen die Archäologen die Denkmäler am Ort ihrer Entstehung, in der sie umgebenden Natur und im Flusse der sie gebärenden Geschichte. Damit wurde aus einer einst mehr ästhetischen Betrachtung eine geschichtsweite und weltweite Wissenschaft.

Daß wir die Welt der Jahrtausende, die vor Gott sind wie ein Tag, wiedergefunden haben, daß sie uns erlebbar, greifbar, schaubar geworden ist, das verdanken wir den kühnen und von ihrem Auftrag besessenen Archäologen aller Länder.

Aber trotz aller Anschauung der Vergänglichkeit erheben sich in uns der Glaube an das Walten des Göttlichen und die Hoffnung auf die Unzerstörbarkeit des Schönen.

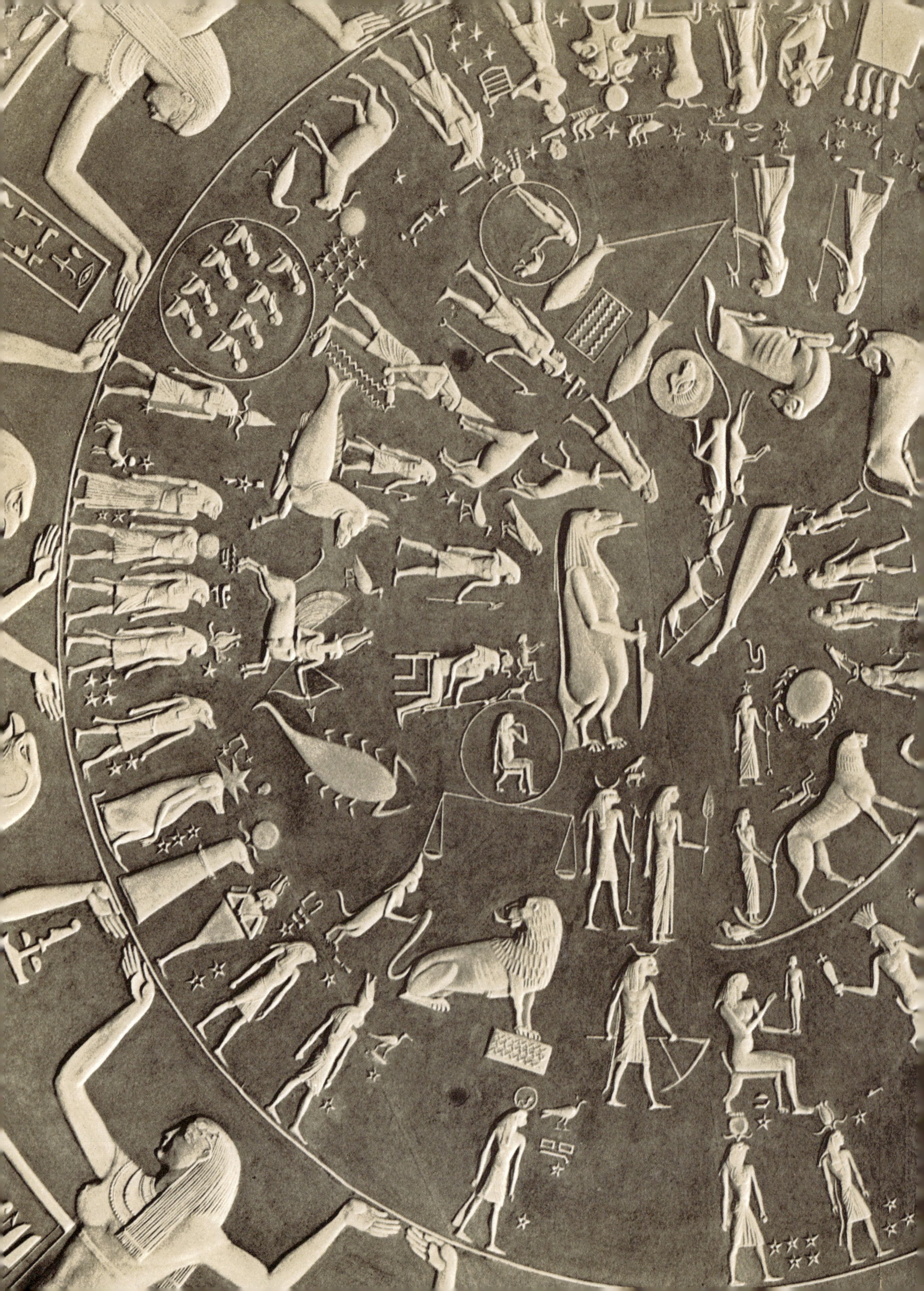

Seite 28: Die Göttin Athena, Ausschnitt aus den Malereien auf einer Hydra, attisch, um 530 v. Chr., München, Glyptothek

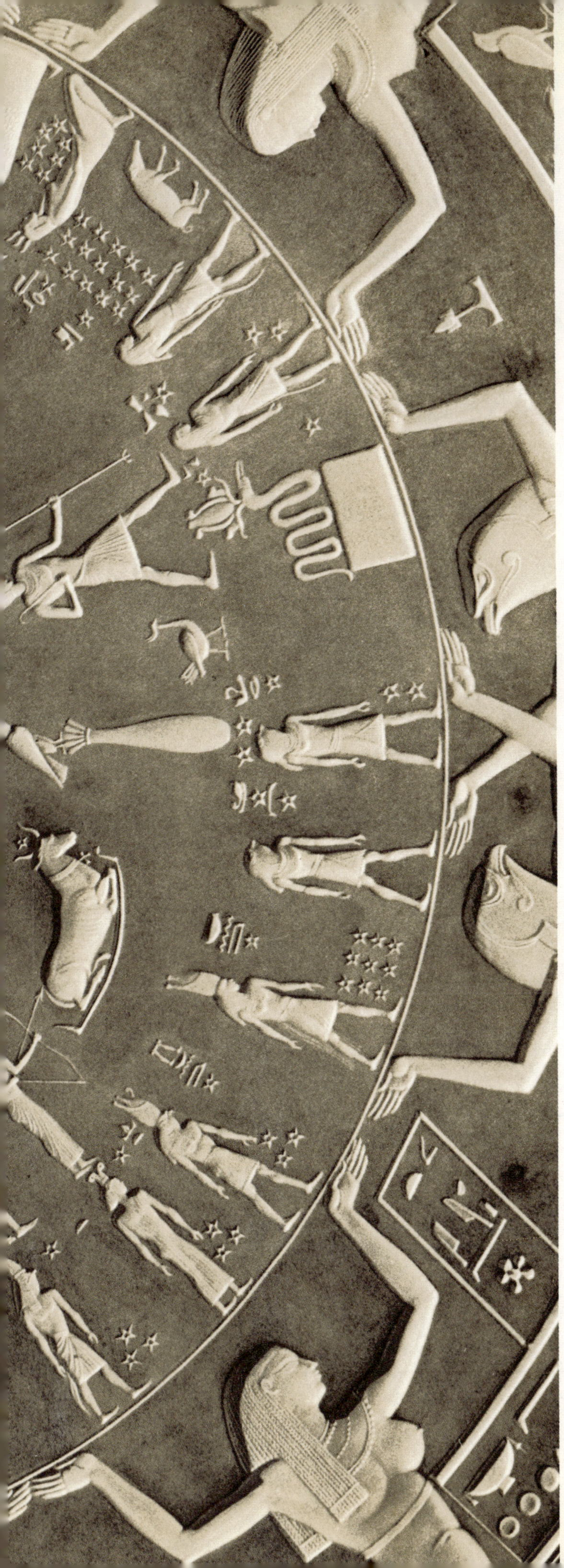

Ägyptische Tierkreisdarstellung in symbolischer Form aus dem Hathor-Tempel in Dendera, Paris, Louvre

DIE PYRAMIDEN VON GIZEH

»O Ägypten, Ägypten – deine Religion wird nur noch eine Fabel sein, die deine eigenen Kinder nicht mehr glauben –
Nichts wird bleiben als Worte in Stein gehauen – Götter und Menschen werden sich schmerzvoll trennen –
Und es wird scheinen, als habe Ägypten umsonst mit frommem Gemüt an der Verehrung der Gottheit gewirkt«,
so prophezeite es Priesterweisheit am Ende des ägyptischen Reiches. Der ewig wandernde Sand der Wüste verwehte die heiligen Stätten. Stumm blieben die noch sichtbaren Male.

Die Großen Pyramiden von Gizeh

Und mit dem Sieg des Christentums am Ende des 3. Jahrhunderts erlosch die Kenntnis von der »heiligen« Hieroglyphenschrift für 1500 Jahre. Ägypten wurde ein unlösbares Rätsel: ein Spielfeld für Geheimniskrämer und Scharlatane.

Erst die Expedition Napoleons nach Ägypten im Jahre 1799 und die damit verbundene Erschließung

links: Isis mit Horusknaben, Bronzestatuette, Alexandria, Museum
rechts: Osiris, Bronzestatuette, Alexandria, Museum

des Niltals brachten die Wendung. Bei Schanzarbeiten französischer Soldaten in Rosette wurde ein Stein entdeckt, auf dem ein Priesterdekret in hieroglyphischer, demotischer und griechischer Sprache und Schrift eingemeißelt war. Es gelang dem Franzosen François Champollion, die Schrift zu entziffern und nach zehn Jahren zum Verständnis aller erreichbaren Inschriften und Papyri vorzudringen (1822).

Der Stein von Rosette, mit einer Widmung der Priesterschaft von Heliopolis an Ptolemäus V. 196 v. Chr. in Hieroglyphen, demotischer und griechischer Schrift, gefunden 1799, führte zur Entzifferung der Hieroglyphen, London, Britisches Museum

Die vorgeschichtliche Zeit mit der afrikanischen Urbevölkerung an den Küsten des Mittelmeeres und den armseligen Nomaden aus dem arabischen Wüstengebirge.

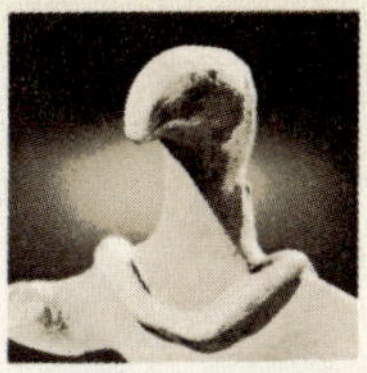

»Vogelkopf«, Idol, gebrannter Ton (6 Zentimeter), einer der ältesten Funde aus Ägypten, etwa 4000 v. Chr., London, Britisches Museum

Um 2900 bis 2700 v. Chr.
Die Zeit der Vereinigung von Unter- und Oberägypten unter dem Zeichen des von beiden Ländern verehrten Himmelsgottes Horus und die Herrschaft der Thinitischen Könige (1. und 2. Dynastie), unter denen die Einheit von Ober- und Unterägypten unwiderruflich wird.

Roter Granit (Bruchstück), Horusfalke mit der Doppelkrone von Ober- und Unterägypten, Abusir, Tempelbezirk in Situ

Um 2700 bis 2160 v. Chr.
Das Alte Reich, das mit König Zoser als erstem Herrscher der 3. Dynastie begann; Zoser leitete mit der Stufenpyramide von Sakkara das Zeitalter der Pyramidenbauer ein. Der Kulminationsepoche des Alten Reiches (Entstehungszeit der später als Weltwunder bezeichneten großen Pyramiden unter Cheops, Chephren und Mykerinos), die mit König Phiops, dem letzten Herrscher der 6. Dynastie, endete, folgte eine Niedergangsepoche (7. bis 11. Dynastie, von 2540 bis 2160), die in eine blutige, aber neue Entwicklungen anbahnende Revolution mündete.

Die Große Sphinx, Gizeh

2160 bis 1785 v. Chr.
Das »Mittlere Reich«, die Epoche des Sonnengottes Rê, in der der Staat allmächtig wurde.

Osiris als Gott Rê, aus Sakkara, 2. Dynastie, Kairo, Museum

Um 1650 v. Chr.
Die Epoche der Fremdherrschaft der Hyksos, der »Verruchten«, die aus Vorderasien einbrachen und den Thron der Pharaonen für hundert Jahre usurpierten, den Ägyptern allerdings Pferd und Streitwagen brachten.

Pferdedarstellung, Ausschnitt aus dem Außenrelief des Ramses-Tempels in Abydos

1550 bis 1085 v. Chr.
Das »Neue Reich«, in dem sich Ägypten zur Weltmacht erhob (Amenophis I. 1525–1505; Thutmosis I. 1505–1483). Es endete mit Ramses III. (20. Dynastie) im Jahre 1085.

Ramses II., 19. Dynastie, Kolossalstatue, Kairo, Museum

1085 bis 332 v. Chr.
Die lange Epoche einer zwar höchst kultivierten, aber auch verspielten Restauration, in der libysche Söldner, Äthiopier, Assyrer und Perser über Ägypten Macht erhielten.

Symbolfigur aus dem Fries der Apadana-Treppe (Ostseite) in Persepolis

332 bis 30 v. Chr.
Die Periode der Mazedonischen Herrschaft unter Alexander dem Großen und seinen Nachfolgern, den klugen und glanzvollen Ptolemäern (Ptolemäus I., gest. 283). Das Ptolemäer-Reich endete mit Kleopatra im Jahre 30 v. Chr.

Kopf einer ägyptischen Königin, vermutlich Kleopatra, Alexandria, Museum

Als der geniale Forscher 1832 starb, hatte man den Schlüssel zum wahren Verständnis der Geschichte des alten Ägyptens. Erst jetzt war es möglich, den ägyptischen Kalender, der auf der Einteilung des Jahres in drei Jahreszeiten basierte, zu verstehen und damit die Perioden der Geschichte Ägyptens zu erkennen:

Ägypten war in alten Zeiten, wie heute, zu beiden Seiten des Nils, der in den Gebirgen und Sümpfen Zentralafrikas entspringt, ein schmaler Streifen Land von etwa zwölfhundert Kilometer Länge. Dieser schmale Streifen Land verbreitert sich zweihundertachtzig Kilometer vor der Mündung des Nils in das Mittelmeer zu einem mit der Spitze nach Süden gerichteten Dreieck, dem Delta, so von den Griechen nach dem gleichförmigen vierten Buchstaben ihres Alphabets benannt.

Zur Zeit der Pharaonen waren es sieben Arme des Nils, die das Delta bis zum Meer durchflossen und allmählich mit Schlamm und Erde auffüllten. Heute sind es nur noch zwei: der Arm von Rosette im Westen und der von Damiette im Osten. Östlich und westlich ist das Niltal von felsigen Abhängen der Wüsten eingefaßt.

In ihren wasserlosen Flächen blühen ab und zu Oasen, in denen das durchgesickerte Nilwasser Quellen und Brunnen speist. Das Spiel der Palmen im Wind mutet an wie eine Fata Morgana.

Das Kulturland des alten und neuen Ägyptens ist nur sechsundzwanzigtausend Quadratkilometer groß, also kleiner als das Königreich Belgien. Der Nil und die mit seiner Hilfe geschaffenen Kanäle und die idealen klimatischen Verhältnisse waren und sind auch heute noch die Quellen des Reichtums Ägyptens. Mit ausdauerndem Fleiß und einem hohen Grad von Geschicklichkeit bebauten die Ägypter ihre riesige Nil-Oase, und daran hat sich bis heute kaum etwas geändert.

Der Lebensraum schien den Ägyptern von ihren Göttern ausgeschnitten aus der übrigen Welt: Die immergrünen Nilufer mit ihrer üppigen Fruchtbarkeit, die ihnen alles gaben, was sie zum Leben brauchten, in drei und mehr Ernten im Jahr. Die gelb und rötlich schimmernden Wüsten zu beiden Seiten des Niltales, die Welt des Todes, des Fremden und der Fremdlinge. Der mächtige Strom, der den Ägyptern die Richtungen Nord und Süd vorzeichnete und die einzige Möglichkeit gab, ihr Reich stromab und stromauf zu durchmessen, und der ihre Dörfer, Städte und Gaue wie eine Klammer zusammenhielt. Und über allem der Himmel, die unendlichen Horizonte, die Heimat der Götter und der geheimnisvollen Mächte, die dieses Land am Nil regierten.

Die Stadt On in Unterägypten, von den Griechen Heliopolis, die Sonnenstadt, genannt, nimmt von Anfang an eine dominierende Stellung ein. Der Gott Atum, Urgott und Herr von Heliopolis, wird zum Götterkönig Atum-Rê. Das Symbol seiner Gegenwart ist der Obelisk.

Horus, der Gott des Lichtes und der Gerechtigkeit, der als Falke über den Himmel schwebt und Mond und Sonne zu Augen hat, wird zum König der Welt. Er ist gleichermaßen Herr von Ober- und Unterägypten. Obwohl politisch getrennt, sind Nord- und Südreich in der Verehrung des Horus verbunden.

König Narmer, der Herrscher des Südreiches, hat um 2900 Unter- und Oberägypten auch politisch vereint. Auf seiner Siegesplatte können wir dieses Ereignis sehen und lesen. Oben ist sie auf beiden Seiten mit Kuhköpfen, Symbolen der Göttin Hathor, geschmückt, zwischen denen der Königsname steht. Die Vorderseite zeigt in der Mitte zwei phantastische, von Ägyptern an Stricken gehaltene Tiere, deren Hälse sich kreuzen und deren Köpfe sich küssen: Nord- und Südreich vereint.

Darunter der Königsstier, der einen Feind niedertritt und zugleich mit den Hörnern die Mauer einer Festung einrennt. Oben ist das Siegesfest dargestellt:

rechts: König Dareios im Kampf mit einem Dämon, Relief an Türwange des Dareios-Palastes in Persepolis

Seite 36: Frauenfigur mit erhobenen Armen und Vogelkopf, gebrannter Ton (25 Zentimeter), Symbol der Fruchtbarkeit, um 4000 v. Chr., London, Britisches Museum

Seite 37: »Pyramidentexte«: Totentexte in hieroglyphischen Zeichen an den Wänden der Grabkammer der Unas-Pyramide in Sakkara, erbaut 2430 v. Chr.

der König trägt hier die Krone Unterägyptens, die er im Kampf gewonnen hat. Vor ihm werden vier Standarten getragen, zwei mit dem Horusfalken. Davor sind reihenweise die Getöteten aufgeschichtet, das abgeschlagene Haupt zwischen den Beinen. Auf der Rückseite steht in mächtiger Gestalt der König mit der oberägyptischen Krone, wie er mit der Keule den Feind erschlägt. Darüber der Horusfalke, einen Strick haltend, der einem aus dem Erdboden herauswachsenden Kopf durch die Oberlippe gezogen ist. Mit der Vereinigung der beiden Reiche zu einem Staat beginnt die eigentliche geschichtliche Existenz Ägyptens. König Menes ist der erste in der langen Reihe der Pharaonen. In ihm und allen Pharaonen wird der Gott Horus leibhaft: der König wird zum Gott.

Neben einer Residenz baut er in Abydos eine Totenstadt mit den Königsgräbern der ältesten Dynastien und dem heiligen Grab des Osiris. Im Totenfeld von Abydos wurde vermutlich König Menes, der Gründer der 1. Dynastie, bestattet. Das Grab, das man ihm zuschreibt, ist einer der ältesten uns bekannten Ziegelbauten der Welt.

Chasechemui, der letzte König der 2. Dynastie, baute sich in Abydos eine Kammer aus Stein, die von Korridoren mit Nischen aus Ziegeln für seine Hofbeamten umgeben ist. Der König, »König der beiden Länder«, Inkarnation des Horus, gesäugt von der löwenköpfigen Kriegsgöttin Sechmet aus Memphis, ist selbst ein Löwe oder ein menschenköpfiger Löwe, der die Völker mit seinen Tatzen niederschlägt. Von ihm gilt, was von der Göttin Sechmet geschrieben steht:

»Ihr Antlitz glänzte wie die Sonne, ihr Auge glühte von Feuer, die Wüste war in Staub gehüllt, wenn sie sie mit ihrem Schweife schlug.«

Der König ist wie die Götter Herr über Leben und Tod, dem man sich mit Zittern naht und dann den Staub zu seinen Füßen küßt. Doch ist er gebunden durch ein Zeremoniell, wie die Götter es fordern. Zum Fest der Wiedererneuerung des Königtums, das alle dreißig Jahre begangen wird, steigt der König auf zwei verschiedenen Treppen zu zwei Thronsesseln empor. Einmal mit der weißen Krone Oberägyptens, zum anderenmal mit der roten Krone Unterägyptens. Der König feiert die Geburtstage des Zeugungsgottes Min, der die Ernten des Landes sichert und schützt, des hundsköpfigen Totengottes Anubis von Siut, dem »Ersten der Totenhalle« und dem »Herrn des Friedhofes«, der katzenköpfigen Göttin der Freude Bastet zu Bubastis und des Gottes Apis, des heiligen Stieres von Memphis.

Mit der Thronbesteigung wählt der König, »der große Gott«, den Platz für seine zeitliche und seine ewige Wohnung. Er weiß, daß er sich im Jenseits »vor dem großen Gotte, dem Herrn des Gerichtes«, für seine Taten zu verantworten hat und daß nur ein rechtliches und frommes Leben ein glückliches Fortleben gewähren kann.

König Zoser, mit dem die 3. Dynastie zur Herrschaft kam, fand die äußere Form, das Gleichnis, das die ewigwährende Macht des Königs versinnbildlichte. Auf dem Wüstenplateau bei Sakkara, nahe seiner Residenzstadt Memphis, ließ er seine eigene Totenstadt errichten.

So beten die Priester:

»Die Tore des Himmels werden dir geöffnet, die Tore des kühlenden Wassers werden dir aufgetan ...«

Der Schöpfer und Gestalter der Totenstadt war Imhotep, des Königs erster Minister, der ob seiner Weisheit auf dem Gebiete der Architektur und Medizin später vergöttlicht wurde. Imhotep hat die Gräber des ober- und unterägyptischen Königs in einem

»Tanzender Silen«, Kandelaberfuß, etruskisch, erste Hälfte des 5. Jahrhunderts v. Chr.

links: Siegestafel des Königs Narmer (1. Dynastie), Vorderseite, grüner Schiefer aus Hierakonpolis, 2900 v. Chr., Kairo, Museum

oben: Eingangstor zur Zoser-Pyramide an der Ostseite der Umfassungsmauer, Sakkara
unten links: Das »Haus des Nordens« im Bereich der Zoser-Pyramide, das Land Unterägypten symbolisierend, Sakkara
unten rechts: Mauer des »Südgrabes« der Zoser-Pyramide mit Kobra-Motiv, gilt als zweites Grab des Königs in seiner Eigenschaft als Herrscher Oberägyptens, Sakkara

Bezirk vereinigt und mit der Darstellung der irdischen Residenz Zosers in Memphis verbunden.
Die umgebende, zehn Meter hohe Mauer mit ihren vierzehn Scheintüren und einem Eingangstor stellt die »Weiße Mauer«, Zeichen für den memphitischen Bau, dar. Sie bildet ein gleichmäßiges Rechteck von fünfhundertfünfzig mal zweihundertfünfundsiebzig Meter. Ein Weg führt durch eine Kolonnade in den

Großen Hof, auf dessen linker Seite sich das Südgrab befindet, ein Schacht von achtundzwanzig Meter Tiefe. An diesem symbolischen Ort der Begegnung von Nord und Süd werden die Eingeweide des Königs beigesetzt. Hier hält sich auch Ka, der Geist, die geistige Kraft des Herrschers, auf.
Vom Großen Hof geht der Weg durch einen kleinen Tempel zum Hof Heb-Sed, der es vermutlich dem König ermöglichen sollte, das große Fest seines Regierungsjubiläums auch nach dem Tode weiterzuführen: Gleichnis ewigwährender königlicher Macht.
Über das »Haus des Nordens« und das »Haus des

Die Stufenpyramide in Sakkara, erbaut von König Zoser (3. Dynastie), Bauzeit 29 Jahre

Südens«, die symbolischen Orte für Ober- und Unterägypten, führt der Weg zu einer vollkommen geschlossenen Steinkammer. Sie barg und verbarg das Bild des Königs. Durch zwei Gucklöcher stand er in Verbindung mit der Außenwelt.

Im rechten Winkel daran anschließend, auf der Vorderseite der Pyramide, erhob sich der Grabtempel, von dem aus allein der Weg in die Grabkammern führt.

Wenn es Imhotep auch noch nicht gelungen war, die Form zu finden, die der Idee und der Kultur seines Königs Zoser vollkommen entsprach, so hatte er doch dem Gottkönigtum mehr als eine architektonische Szenerie geschaffen. Hätte er keine Nachfolger gehabt, so wüßten wir freilich nicht, wie die Vorstellung »Wie auf Erden, so im Himmel« anders und besser hätte in einem Bauwerk symbolisiert werden können.

Der wohlgeordnete Staat, die festgefügte Ordnung der Gesellschaft finden im Jenseits ihre Fortsetzung. Und das Wirken der Göttlichen findet im Leben des Königs seine irdische Darstellung. Solange beides einander entspricht, ist die irdische Ordnung nicht gefährdet, sind die Götter nicht bedroht.

König Snofru, mit dem die vierte Dynastie begann, führte Krieg gegen Nubien und schleppte siebentausend Männer und Weiber als Gefangene nach Ägypten. Er holte auf vierzig Schiffen kostbares Zedernholz aus dem Libanon und bekämpfte die Beduinen erfolgreich. In Medum, im nördlichsten Gau Oberägyptens, errichtete er für seinen Vorgänger Huni eine Stufenpyramide, die wohl mit einem schräg ansteigenden Mantel bekleidet werden sollte, aber un-

Wandverkleidung aus Holz mit dem Bild des Beamten Hesire, der Zepter, Stab und Schreibzeug trägt, zur Zeit der 3. Dynastie, aus seinem Grab bei Sakkara, Kairo, Museum

vollendet blieb, und in Dashur eine zweite, zum ersten Male in einer reinen Pyramidenform. Von ihm stammt auch die vorher erbaute große Steinpyramide von Dashur, die sogenannte Knickpyramide, eine Übergangsform von der Stufenpyramide zur echten Pyramide.

Sein Bauprogramm war so gewaltig, daß es die Arbeitskraft des gesamten Reiches während seiner vierundzwanzigjährigen Regierungszeit in Anspruch nahm. Die Steine, die von geschulten Steinmetzen während des ganzen Jahres gebrochen wurden – wenn während der Überschwemmungszeit alle Feldarbeit ruhte –, wurden von den Bauern ganz Ägyptens im Frondienst verladen, über den Fluß geschafft und auf gewaltigen Rampen auf die Höhe des Wüstenplateaus gezogen.

Schwerpunkt des Reiches wurde nun Memphis, die gewaltige Stadt am Nil, genau an der Nahtstelle der beiden Länder Nord und Süd. Hier stand der Tempel des Urgottes Ptah, der alle Dinge und alle Gottesworte gemacht hatte. Von ihm sagt die sogenannte Memphitische Theologie: »Er schuf die Götter, er machte die Städte, er gründete die Gaue, er setzte die Götter auf ihre Kultstätten und machte ihre Leiber, wie sie es wünschten.« Der Wille des Königs war allmächtig.

Sein Hauptorgan war der »Wesir und Richter der großen Torhalle« – meist ein Prinz des regierenden Hauses. Er leitete die Kanzlei des Königs, und zu seinen vornehmsten Aufgaben zählte die Verwaltung der Finanzen des Reiches.

Für »Ruhe und Ordnung« sorgten nubische Soldaten und Polizisten, bewaffnet mit Pfeil und Bogen. Für den Krieg wurden Bauern-Kontingente in den Gauen ausgehoben.

Gott Ptah, Kolossalstatue, Kairo, Museum

Die zahlrcichen Beamten, in den Schreibstuben der Tempel erzogen, führten alle den Titel »Schreiber«. Sie arbeiteten in den Verwaltungsbüros, »Häuser« genannt, z. B. im Haus der Lebensmittel, im Waffenhaus oder im Ackerhaus. Alles war bis ins kleinste organisiert und reglementiert.

Ein besonderes Amt war das des »Vorstehers der Arbeiter und Handwerker«, dem die Rekrutierung der Arbeiterheere und die Leitung ihrer Tätigkeit oblag. Ihr Dasein und Tun war für die ihr ganzes Leben lang planenden und bauenden Pharaonen von entscheidender Bedeutung.

Die Gaue des Reiches wurden von Vögten, den »Nomarchen«, geführt. Sie sprachen Recht und trieben die Steuern ein. Ihnen unterstanden die Dorfschulzen, die für Ordnung und Recht, die Steuererklärung und die pünktliche und genaue Abrechnung ihrer Dörfer verantwortlich waren. Volkszählung und Bestandsaufnahmen wurden eifrig geübt.

Der Oberaufseher der königlichen Güter überwachte die Einkünfte des Herrschers, die aus den Erträgen seiner Domänen, aus Steuern in Form von Naturalabgaben und Frondiensten der Untertanen bestanden. Sinnbild der königlichen Vorrechte: Die Elle, nach der für ihn gemessen wird, ist um $\frac{1}{6}$ länger als die der gewöhnlichen Sterblichen.

Die Masse der Bauernbevölkerung war an die Scholle gebunden. Sie arbeitete auf den Domänen des Königs und der Magnaten, die auch Anspruch auf Frondienste der Bauern hatten. Die Arbeit wurde genau nach Stunden verrechnet.

Gold und Silber galten zwar als Wertmesser, sie bestimmten Preise und Entlohnung, aber sonst bestand in ganz Ägypten ein reiner Naturalverkehr. Volk und Beamte lebten »vom Tisch des Königs«. Die Tempel, die der König allein bauen ließ, waren wie der von Abydos dem Nil zugewandt, dem Spender des Lebens.

Der König schreitet von der Anlegestelle seines Schiffes die Prozessionsstraße hinauf in den ersten Vorhof, in dem das Volk noch Zutritt hat. Er ist begleitet von den Prinzen und Prinzessinnen seines Hauses. Der König erreicht durch den zweiten Vorhof, der nur noch seiner eigenen Gegenwart vorbe-

Eingang zum Hof des Sethos-Tempels in Abydos

halten ist, die mit den Bildern von Königen und Göttern geschmückte Säulenhalle.
Und dann betritt er das eigentliche Heiligtum, den Saal mit den sechsunddreißig Säulen und den sieben heiligen Tempelhallen. Hier verweilt der Gottkönig im Dämmer des Geheimnisses in der Zwiesprache mit den Göttern: als Mittler zwischen Himmel und Erde, als Segensspender und Richter seines Volkes.

rechts: Sethos-Tempel in Abydos, Blick durch den Eingang in die Tempelhalle

oben links: Unbekannter Offizier, Statue aus Kalkstein, bemalt, Kairo, Museum
oben rechts: Der Beamte Ka-Aper, der »Dorfschulze«, Holzstatue aus Sakkara um 2600 v. Chr., Kairo, Museum
unten: Steuereinziehung, Modellszene in einer Grabbeigabe, 11. Dynastie, Holz, bemalt, Kairo, Museum

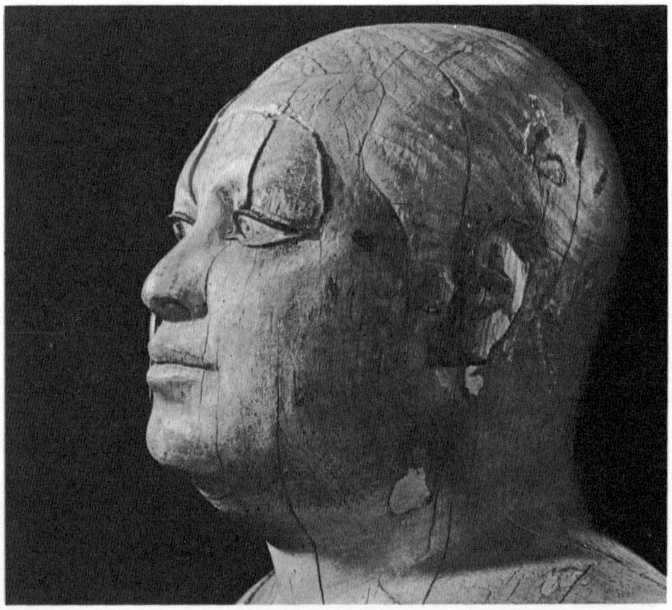

In den Tempeln amtieren festangestellte Priester und Priesterkollegien. Ihnen sind Prinzen des königlichen Hauses als Hohepriester vorgesetzt. So bleibt der meist große Grundbesitz der Tempelhierarchien unter königlicher Kontrolle. Bei aller Unumschränktheit des Königs als Gott auf Erden, der mit Göttern und Göttinnen verkehrt, der jedes einzelnen Ort und Tun in der Gesellschaft bestimmt und jeden Verstoß gegen diese göttliche Ordnung bestraft, waltet doch von oben nach unten ein patriarchalisches Wohlwollen, eine sakrale Humanität. Die Menschen leben ihr kleines Leben, das – trotz Arbeit und Mühen – ihr ganzes Glück ausmacht. Die Frauen arbeiten und träumen von Liebe und Glück. Die Mütter gebären. Die Kinder turnen und tollen. Die Mädchen spielen und tanzen, nicht nur aus rituellem Anlaß. Marktdiebe sorgen für die kleinen Sensationen und den Klatsch des Abends. Die Männer züchten Hunde und Affen und gehen mit ihnen zur Jagd. Sie fischen im Nil mit Netz und Angel und tragen die Beute stolz nach Hause. Und die Augen bleiben – trotz Schweißes und Tränen – dem Schönen dieser Welt geöffnet.

König Cheops, ein energischer Herrscher, mit dem die 4. Dynastie beginnt, errichtete mit seiner Pyramide das gewaltigste Bauwerk, das die Erde je getragen hat.

Die gleichmäßigen Grundkanten messen je zweihundertdreißig Meter. Die Pyramide, auf der vorspringenden Felsnase des Kalksteinplateaus errichtet, war ursprünglich über hundertsechsundvierzig Meter hoch. Der Kern der Pyramide besteht aus grob bearbeiteten, unregelmäßig versetzten Kalksteinblöcken, die Verkleidung aus gut behauenen, sauber gefügten Blöcken. Der größte Teil davon ist heute abgetragen, sie wurden als Baumaterial verwendet.

Der ursprüngliche Eingang zur Pyramide liegt an der Nordseite in achtzehn Meter Höhe. Von hier führt ein siebenundneunzig Meter langer Gang in einer Neigung von siebenundzwanzig Grad durch den gewachsenen Fels unter die Erde in eine Grabkammer. Sie war ausgerichtet auf den Zirkumpolarstern, den Regenten des Firmaments.

Pharao, der »irdische Polarstern«, dokumentierte damit seinen Wunsch und seine Hoffnung, von der Erde zum Himmel aufzusteigen und die Vergänglichkeit zu überwinden. Ein zweiter, achtunddreißig Meter langer, sehr niedriger Gang führt im Innern von der Bodenfläche aus schräg nach oben. Er verläuft dann waagrecht und wird höher, so daß Menschen aufrecht gehen können. Dieser Gang endet in einer genau unter der Spitze der Pyramide gelegenen Kammer, zwanzig Meter über dem Boden. Sie ist mit Turakalkstein so regelmäßig ausgewandet, daß sie wie aus dem Felsen herausgehauen erscheint. Ein weiterführender Gang endet blind, und der unfertig gebliebene Boden der Kammer läßt vermuten, daß das Projekt schließlich aufgegeben wurde.

Die Erbauer haben sich dann wieder mit dem ursprünglichen, schräg emporsteigenden Gang beschäftigt. Sie führten ihn zweiundvierzig Meter weiter schräg nach oben, allerdings jetzt als große Galerie mit einer Breite von über zwei Meter und einer Höhe von über acht Meter. Die Galerie ist mit Mokkadam-Kalkstein ausgekleidet. Sie öffnet sich über einem kleinen Vorraum zur eigentlichen, mit schwarzem Granit ausgewandeten Grabkammer, die wiederum fast genau unter der Pyramidenspitze liegt. Der Granitsarkophag des Pharao war bei seiner Entdeckung leer, der Deckel verschwunden. Um Grabräubern den Zugang zur Pyramide zu verwehren, war die Verschließung des Eingangs und der Gänge eine der wichtigsten Aufgaben für die Erbauer. Riesige Sperrblöcke waren so vorbereitet, daß sie nach der Beisetzungsfeierlichkeit heruntergelassen werden konnten. Dennoch fanden die Grabräuber ihren Weg. Es ist wahrscheinlich, daß bereits die Revolu-

Marktdieb wird von einem abgerichteten Pavian festgehalten, bemaltes Relief aus Sakkara, 6. Dynastie, Kairo, Museum

Die 47 Meter lange und 8,50 Meter hohe Galerie, die im Inneren der Cheopspyramide zur Grab- oder Königskammer führt

oben: Schematischer Längsschnitt der Cheopspyramide von Gizeh: 1 ursprünglicher Eingang, 2 unterirdische Grabkammer, 3 Gang zur unterirdischen Grabkammer, 4 großer Gang oder Galerie, 5 kleine Grabkammer, sogenannte Königinkammer, 6 große Grabkammer, sogenannte Königskammer, 7 Entlüftungsschächte
unten: Ursprünglicher Eingang zur Cheopspyramide in Gizeh, der heute nicht mehr benutzbar ist.

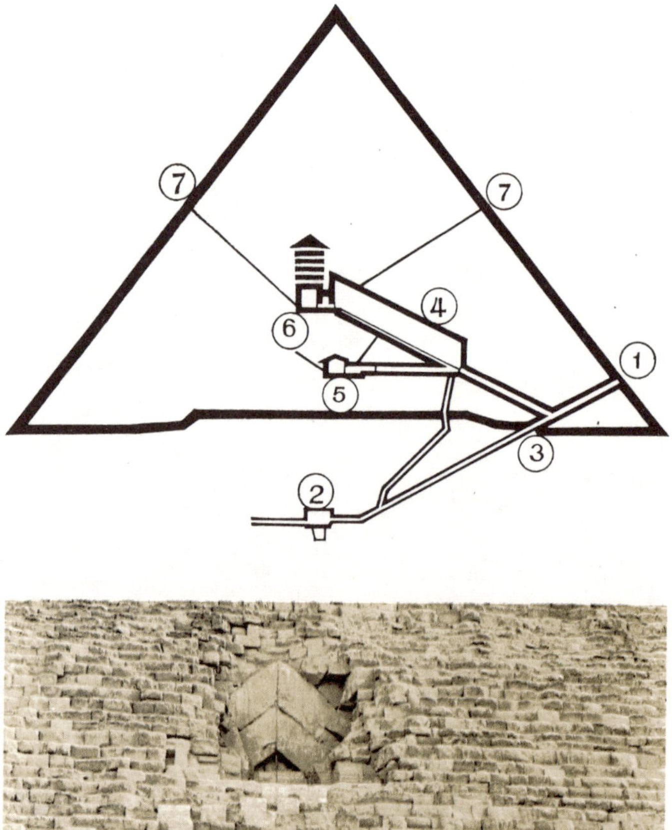

Die Cheopspyramide in Gizeh mit einem Totentempel

links: Die »Königsliste« im Tempel Sethos' I. in Abydos enthält ab Menes, dem Begründer der 1. Dynastie, die Namen aller Könige bis zu Sethos I. (19. Dynastie)
unten: Die Ostwand der ursprünglichen, unvollendeten Grabkammer für König Cheops in seiner Pyramide (fälschlicherweise auch »Königinkammer« genannt)

tionäre am Ende des Alten Reiches den Pharao aus seinem Sarge rissen.

In der Pyramide des Cheops, genannt »Horizont des Cheops«, könnten die Peterskirche zu Rom, die Dome von Mailand und Florenz, die St.-Pauls-Kathedrale und die Westminster-Abtei in London, also die fünf größten Kirchen der Welt, bequem Platz finden.

Der aufgebrochene Granitsarkophag des Königs Cheops in der Großen Pyramide von Gizeh, der sich in der eigentlichen und obersten Grabkammer befindet. Bei seiner Wiederentdeckung fand man den Deckel abgesprengt und den Sarg leer

links: König Cheops (4. Dynastie), Erbauer der ältesten und größten der drei Pyramiden von Gizeh, Sitzstatuette aus Elfenbein, Kairo, Museum
rechts: König Chephren (4. Dynastie), Erbauer der zweitgrößten Pyramide von Gizeh, Sitzstatue aus Alabaster, Kairo, Museum

links: König Sesostris I. (12. Dynastie) mit der Krone Oberägyptens in Gestalt des Osiris, Kolossalstatue aus dem Amon-Tempel von Karnak, Kairo, Museum
rechts: König Mentuhotep mit der Krone Unterägyptens, bereit für das Fest Heb-Sed, Sandsteinstatue, bemalt, Kairo, Museum

Kriegsgöttin Sechmet und der Mondgott Thot, Relief (Bruchstück), Abydos, vor der Rückwand des Sethos-Tempels stehend

Totengott Anubis, dargestellt als Mann mit Schakalskopf, Statue, 1000 v. Chr., Hildesheim, Pelizäus-Museum

König Chephren im Kopftuch mit dem Horusfalken, Detail der Sitzstatue aus dunkelgrauem Diorit, gefunden im Totentempel seiner Pyramide in Gizeh, Kairo, Museum

Sie ist das gewaltigste Bauwerk aller Zeiten bis zum heutigen Tag.

Rê-Dedef, der Nachfolger des Cheops – er regierte nur acht Jahre –, ließ sein Grabmal weiter im Norden errichten. Seine in Abu-Roas begonnene Pyramide, Heliopolis, der Stadt des Sonnengottes zugewandt, ist nie fertig geworden. Rê-Dedef, einer der heftig untereinander kämpfenden Söhne des Cheops,

57190

Scheintüre aus dem Grab des Ateti in Sakkara, aus der der Ka, der Geist des Toten, heraustritt, Kairo, Museum

links unten: Statue des Herrn Ti, eines hohen Würdenträgers am Hofe gegen Ende der 5. Dynastie, sein Grab ist das schönste und größte von Sakkara, Kairo, Museum
rechts unten: Die Gattin eines hohen Offiziers (19. Dynastie), kristalliner Kalkstein, Kairo, Museum

überbrückte nur die Dynastie, bis sein Bruder Chephren zur Regierung kam. Daß er der legitime Fortsetzer der 4. Dynastie war, geht schon aus der Tatsache hervor, daß er mit seinem Grabbau wieder nach Gizeh zurückkehrte. Südwestlich von der großen Pyramide des Cheops ließ sich Chephren auf dem gleichen Felsplateau seine Pyramide erbauen. Sie wurde »Groß ist Chephren« genannt. Sie ist nach den

gleichen Prinzipien errichtet wie die Pyramide des Cheops.
Mykerinos, der Sohn und Nachfolger des Chephren, baute auf dem Plateau von Gizeh, am weitesten südwestlich, die dritte Pyramide, genannt »Göttlich ist Mykerinos«. Sie ist die kleinste der Pyramiden, die zusammen mit den beiden großen und mit der nach Osten, nach Sonnenaufgang, errichteten Sphinx eines der Sieben Weltwunder darstellt.
Die Pyramiden selbst, für sich betrachtet, sind Wunder der von Menschen geschaffenen Welt, aber sie sind nur ein Teil der Grabanlage. Die Gesamtanlage bestand aus dem Torbau oder Taltempel, am Ufer des Nils gelegen, dem bis zu vier Kilometer langen Aufweg zum Wüstenplateau, dem Totentempel zu Füßen der Pyramide mit Vorhalle und Säulensaal und der Pyramide als Krönung.
Der ganze Staat ist konzentriert in der Person des Pharao, des großen Gottes. Höchste Aufgabe des Staates ist es, dem König auch nach dem Tode die Herrscherstellung für alle Ewigkeit zu erhalten. Seine Eingeweide werden in Krügen unverweslich aufbewahrt, bedeckt mit den Köpfen der Horussöhne, die Hülle des Leibes durch Einbalsamierung für Zeit und Ewigkeit erhalten. Das Herz wird durch einen steinernen Skarabäuskäfer, das Abbild des Sonnengottes, ersetzt, auf dem die Worte stehen: »O Herz, tritt nicht gegen mich als Zeuge auf.« Der so Verewigte wird durch den Hausbau vor gewaltsamer Zerstörung von außen geschützt. Reichliche Nahrung wird dem Toten, der ja in Wahrheit der Lebende ist, mitgegeben. Für die Opfergaben werden Gestelle, Gefäße und Tafeln mit Vertiefungen für die Salben und Flüssigkeiten aufgestellt. Das Abbild des Verstorbenen wird errichtet, damit der Geist des Toten in ihm Wohnung nehmen kann.
In das Grab wird eine große Steintafel in Gestalt einer verschlossenen Haustür, der sogenannten Scheintüre, eingemauert: es ist der Eingang in die Geisterwelt. Die Welt, die den Lebenden umgab, soll auch den Toten weiter umgeben: Familie, Diener, Felder und Vieh, Fische und Vögel, Knechte und Rinder und die ganze Süße dieser Erde. Das kurze Menschenleben in alle Ewigkeit zu verlängern, das scheinbar Unmögliche möglich zu machen, das ist der Sinn des Totenkults.
Und der Pharao, der große Gott, läßt seine Familie teilhaben an seiner Unsterblichkeit: Gemahlinnen und Kinder, die Mitglieder seines Hofstaats und die höchsten Reichsbeamten.
Rings um die Gräber der Pharaonen entstehen Totenstädte für die Angehörigen der königlichen Familie. In regelmäßigen Straßen reiht sich Grabbau an Grabbau. Was dem König im großen, im Übermenschlichen errichtet wird, wiederholt sich dort in überschaubaren Maßen.
Die Hörigen, die Armen, die Bauern und Arbeiter hocken zusammengekrümmt in ihren Gräbern, ohne Inschriften und Skulpturen, des Fortlebens nicht teilhaftig.
Aber der Boden unter den lebenden Pharaonen begann zu wanken, wenn auch Ägypten zum Mittelpunkt der ganzen Welt wurde.
Noch saßen Pharaonen auf den Thronen, aber die Priester von Heliopolis entmachteten sie mehr und mehr. Der Sonnengott Rê wurde zum neuen Gott auf Erden, und die Könige wurden seine Diener. Hinter den Königsstädten von Memphis entstand das Sonnenheiligtum von Abusir. Die Idee des Gottkönigtums erlosch. Rê wurde zum Reichsgott und Weltenherrscher und der König zum gehorsamen Sohn, der seinen Willen erfüllte.
Der letzte Herrscher der 6. Dynastie, Merenrê II., endete durch Mord. Die Gaufürsten erhoben sich wider den König, zerstückelten das Reich und rissen die Macht an sich. Das hungernde Volk stand auf.
So schildert es ein Papyrus dieser Zeit: »Das Land

hat sich gedreht, wie die Töpferscheibe es tut. Sklaven und Besitzlose haben die Häuser der Vornehmen geplündert. Die einstigen Herren und Damen verrichten niederste Sklavenarbeit. Familien rotten einander aus um des Hungers willen. Die Büros der Verwaltung sind geplündert, die Akten zerrissen.
Die Gräber sind geöffnet und die königlichen Mumien aus den Särgen gerissen. Wer das miterlebt hat, dem scheint, als flösse der Nil voll Blut, und schon die Neugeborenen begehren die Welt wieder zu verlassen.«

Entthront sind die Pharaonen des Alten Reiches, das kaum sechshundert Jahre bestand. Geblieben sind die Pyramiden von Gizeh, das erste und älteste der Sieben Weltwunder der Antike.

Gabenbringer, Relief, Kairo, Museum

Die Sphinx zählt mit den Pyramiden von Gizeh zu den ersten der Sieben Weltwunder.

DIE HÄNGENDEN GÄRTEN DER SEMIRAMIS

So sprach Ischtar, Babylons große Göttin der Liebe und des Todes, zum König: »Ich will dich schützen, wie eine Mutter ihre Kinder schützt, ich will dich zwischen meinen Brüsten bergen wie ein Schmuckstück an meiner Kette.« Und der König sprach zu seiner Stadt: »Wie mein kostbares Leben liebe ich dich, Babylon! Die Könige aller Weltteile und die ganze Menschheit mögen dir ihren Tribut zollen. Mögest du dauern bis in alle Ewigkeit.«

Babylon, »die himmlische Stadt«, mit zwei Heerstraßen, drei Kanälen, acht Stadttoren und vierundzwanzig Straßen, mit dreiundfünfzig Heiligtümern der großen Götter und mit Hunderten von Kapellen für Ischtar und die sieben Geister des Himmels und

unten: Außen- und Innenmauer von Babylon mit Euphrat, Modell der Stadt Babylon zur Zeit Nebukadnezars II., Babylon, Museum
rechts: Weibliches Idol, Ton (12 Zentimeter), Fundort Mari, sumerisch, etwa 2000 v. Chr., Aleppo, Museum

die sieben Götter der Erde, war überragt vom Tempel des Marduk, des Gewaltigsten unter den Göttern. Berühmt waren die Paläste des Königs und die Hängenden Gärten der Königin Semiramis, die man zu den Sieben Weltwundern der Antike zählte. Auch Jesaias, der Prophet aus Israel, rühmte Babylon »das schönste unter den Königreichen, die herrliche Pracht der Chaldäer«. Doch er prophezeite den Untergang der Stadt wie in »Sodom und Gomorra, daß niemand mehr da wohne, noch bleibe, sondern nur Eulen in den Häusern wohnen und wilde Hunde in ihren Palästen heulen«. Sein Wort wurde Wahrheit: Babylons Mauern fielen, und Assur sank hin, die mächtige Stadt im Norden des Landes, der Schrecken der Völker, und Ur im Süden, die Stadt der riesigen Tempel und der großen Götter.

Mesopotamien – Land zwischen den Strömen –, so nannte der griechische Historiker Polybios im 2. Jahrhundert v. Chr. das Gebiet, das von Euphrat und Tigris umschlossen wird: im Süden das Land Sumer mit den Städten Ur, Uruk, Babylon, später das Reich Babylonien genannt, im Norden Assyrien mit den Städten Assur, Dur Scharrukin und Ninive. Auch die Übersetzer des Alten Testaments in Alexandria gaben das Wort des Moses »Aram Naharaim«, Aram der zwei Ströme, die Heimat Abrahams, mit dem Worte Mesopotamien wieder. So gelangte mit den Bibelübersetzungen der Name Mesopotamien in das Bewußtsein ganz Europas. Heute bezeichnen wir mit Mesopotamien das Land zwischen den Bergen Kurdistans im Norden und den Sümpfen des Stromdeltas am Persischen Golf im Süden, zwischen den Steppen und Wüsten Jordaniens und Syriens im Westen und den Gebirgsketten des Irans im Osten.

In diesem Geviert blühten im Verlauf von viertausend Jahren viele Kulturen, die mit dem Ende der Steinzeit begannen und mit dem Sturz Babylons im Jahre 539 v. Chr. jäh endeten.

Das Klima hat sich seit den Tagen, da die Bewohner des Berglandes im 5. Jahrtausend in die Flußniederungen hinunterstiegen, kaum verändert. Verändert aber hat sich der Boden durch die Verschlickung der Flüsse und durch das Geröll, das sie mit sich führen. Hinausgeschoben hat sich dadurch auch die Küste des Meeres.

Aber so wie heute die Nomaden auf ihren Pferden und mit ihren Herden durch Steppen und Wüsten ziehen, um die besten Weideplätze für ihre Tiere zu suchen, ohne sich um politische Territorien und Grenzen zu kümmern, so zogen einst die Heere der Assyrer und Babylonier nach Westen zum Meer. Sie hatten das Ziel, die Karawanenstraßen zu dem »Land, da Milch und Honig fließen«, entlang der Küste des Mittelmeeres zu überwachen und daraus Gewinn zu ziehen.

Unser Wissen von der Geschichte dieses geheimnisvollen Landes Mesopotamien ist jung. Im Jahre 1625 brachte der italienische Edelmann Pietro della Valle von einer Reise durch Mesopotamien, die ihn auch nach Ur und Babylon führte, die ersten geheimnisvollen Keilschriftzeichen nach Europa. Entziffern konnte sie niemand.

Über den berühmten Turm von Babylon und seine Ruinen veröffentlichte das »Journal des Savants« im Jahre 1790 Berichte des Abbé de Beauchamp. Die East Company in London gab daraufhin ihrem Agenten Claudius James Rich den Auftrag, Ziegelsteine mit Inschriften nach England zu senden. Die Stücke, die in London ankamen, bestaunte man zwar sehr, aber enträtseln konnte man sie nicht.

Schließlich entdeckte der englische Offizier Henry Rawlinson im Jahre 1842 in Behistun in der Nähe der Westgrenze des Irans, auf dem Wege von Hamadan nach Kirmanschah, ein Relief aus dem Jahre 500 v. Chr. in den steilen Felsen, in einer Höhe von fünfzig Meter. Es war ein Siegesdenkmal Dareios' I., des persischen Königs aus der Dynastie der Achämeniden, auf dem die Angehörigen besiegter Völker eingemeißelt sind, die dem König der Könige huldigen. Darunter berichtet Dareios in altpersischer, elamischer und babylonischer Sprache, geschrieben in Keilschriftzeichen, Näheres über seine Schlachten und Siege. Rawlinson kopierte unter den größten Schwierigkeiten eigenhändig Tausende von Schriftzeichen und hoffte, durch Sprach- und Schriftvergleich die immer noch unlesbare Schrift der Babylonier enträtseln zu können. Aber erst sechs Jahre später konnten Gelehrte den elamischen Text mit hundertelf verschiedenen Zeichen übersetzen.

Die Enträtselung der babylonischen Keilschrift gelang allerdings noch immer nicht. Man fand zwar

Bergmassiv bei Behistun (auch Bisutum) im Iran mit dem sogenannten Dareios-Relief, dessen dreisprachige Texte zur Entzifferung der Keilschrift führten

Geflügelter Menschenlöwe (Lamassu), als Torhüter am Palast des Königs Assurnasirpal in Ninive aufgestellt, neuassyrisch, London, Britisches Museum

fünfhundert verschiedene Kombinationen von Keilschriftzeichen, aber kein Alphabet. Erst die Entdekkung des Iren Hincks, daß ein Zeichen sowohl eine Silbe wie auch ein ganzes Wort auszudrücken vermochte, brachte die entscheidende Wendung.

Die Ausgrabungsarbeiten begannen 1842 bei Mosul durch den französischen Konsul Paul Emile Botta, der vor allem in Dur Scharrukin grub, dem heutigen Chorsabad, der Residenz und Tempelstadt König Sargons II. von Assyrien, und dabei die berühmten assyrischen Skulpturen aus dem 8. Jahrhundert v. Chr. freilegte, die die Welt in Bewunderung und Erstaunen versetzten.

Der Engländer Austen Henry Layard, der 1845 mit seiner Tätigkeit begann, wurde der zweite große Pionier und Ausgräber in Mesopotamien. Er grub vor allem in Kalach-Nimrud, südlich von Ninive am Tigris, seit Assurnasirpal I. Hauptstadt Assyriens. Die dabei zutage geförderten riesigen geflügelten Stiermenschen, die als Torhüterfiguren dienten, wurden eine Weltsensation.

Um 1850 legte in Ninive der englische Archäologe Sir Henry Rawlinson den Palast des Königs Assurbanipal weiter frei und entdeckte dabei eine riesige königliche Bibliothek auf Tontafeln mit unschätzbaren Dokumenten babylonischer Geschichte und Literatur.

Die Forschungen wurden nun auf die kultischen Zentren des Landes Sumer im südlichen Teil des Zweistromlandes ausgedehnt, vor allem auf Ur und Uruk, Nippur und Eridu, durch Jahrtausende die bedeutendsten Kultorte und Königssitze Südbabyloniens.

Erst um die Jahrhundertwende begann die methodische Erforschung und Freilegung von ganzen Stadtvierteln und Tempelkomplexen. Dabei leisteten die deutschen Forscher Robert Koldewey in Babylon und Uruk und Walter Andrae in Assur Hervorragendes.

Noch immer ruhen riesige ungehobene Schätze in dieser Erde, noch immer harren viele Probleme ihrer Lösung. Das Alter des im Schanidartal in Nordmesopotamien gefundenen Schädels eines Höhlenbewohners wird von den Gelehrten auf sechzigtausend Jahre geschätzt. Die Fundamente des ältesten Dorfes in Mesopotamien fand man in Dscharmo, in der Nähe des heutigen Dorfes Schemschemal im Nordosten des Landes. Schalen, Gefäße und weibliche Terrakotten aus dem 5. Jahrtausend lassen auf eine beachtliche manuelle Fähigkeit und einen ausgeprägten Sinn jener Menschen für Form und Farbe schließen. Sie zeigen die Anlage zur großen Geste, zum Sakralen und zum Monumentalen.

Wo die Wiege der Kultur der Sumerer stand, der Bewohner des Landes Sumer zwischen Euphrat und Tigris, das sich etwa von dem heutigen Bagdad bis zum Persischen Golf erstreckt, wissen wir nicht. Doch manche meinen, Sumer bedeute: der Zeugende, das männliche Zeugungsglied, die Tat. Mythische Urbilder, die die Seelen seit Tausenden von Jahren bewegten, bannten die Sumerer in greifbar-sichtbare Abbilder, um sie vor dem Vergessen zu retten.

Sie errichteten, so wie in Uruk, die Himmelsburg, die Zikkurat, die Hochaufragende, den Ort der Begegnung zwischen Menschen und Göttern. Sie errichteten Anu, dem Himmel, in Uruk den »weißen Tempel«, als wollten sie den Mächtigen, den die Welt Umspannenden und Beherrschenden, auf ihrer Erde spiegeln.

Sie erbauten in der Eanna das Heiligtum der Ischtar, der Göttin der sinnlichen Liebe, ohne deren Segen alle Zeugung aufhörte. Sie war gleichzeitig als Kriegsgöttin Herrin über den Tod.

So wie die Kultvase von Uruk es zeigt, opferten die Menschen von Sumer der zwiegesichtigen Göttin des Lebens und des Todes, der schmeichelnden Wollust und der bitteren Rache von den Früchten des Ackers und der Geburt der Herden, sie, die selbst aufgehängt sind zwischen Frieden und Kampf, zwischen Leben und Tod.

Sumers mythischer Held ist Gilgamesch, der sagenhafte König von Uruk, zu zwei Dritteln Gott und zu einem Drittel Mensch, »der da alles sah bis ans Ende der Welt« und »Verborgenes enthüllte«. Der kühne Held gewinnt Enkidu, den Mächtigen der Berge und Steppen, zum Freunde und verliert ihn wieder durch den Tod. Da versucht Gilgamesch, die Furcht vor dem Tode zu überwinden, muß aber erkennen, daß es keinen Sieg über den Tod gibt. Sein einziger Trost: Uruk und die Mauern von Uruk sind fest und unvergänglich.

Der im Eanna-Heiligtum gefundene Frauenkopf aus Alabaster ist eines der ersten Zeugnisse der Geschichte des Landes Sumer. Die Epoche der Herr-

Siegesstele des Eannatum von Lagasch, genannt Geierstele, um 2800 v. Chr., Paris, Louvre schaft der Menschen hebt an. Die Frühdynastische Periode beginnt etwa mit dem Jahre 2800 v. Chr.

Die Menschen fingen an, im Zeichen der Götter zu streiten, zu töten und zu siegen, so wie die Stele den »Gottesvogt« von Lagasch, Eannatum, zeigt, der die Feinde bezwingt, ihre Leichen zu hohen Haufen türmt und seinen Sieg auf dem Berg von Toten feiert. Die Geier am Himmel tragen zu Häupten des Königs und seines siegreichen Heeres Fetzen aus den Leibern der hingeschlachteten Feinde als Zeichen des Triumphes hin zu dem Gott, der dem König im Kampf beisteht. Er hält in einer Hand ein mächtiges Netz, gefüllt mit den Feinden von Lagasch, die er gefangengenommen hat. Und er tötet einen nach dem anderen mit seiner gewaltigen Keule.

Es wechselten die Könige, Ruhm und Macht wanderten von Ur nach Lagasch, nach Kisch, nach Akkad; aber es blieb doch das alte, gleiche Land Sumer.

Die Schreiber verwalteten für die Könige das Land. Sie errechneten die Steuern, was zu dem weisen Spruch führte: »Man kann einen Herrn haben, man kann einen König haben, aber der Mann, vor dem man sich wirklich fürchten muß, das ist der Steuereinnehmer.« Das Resultat solcher Weisheit war, daß das Volk anstelle der Schreiber dann und wann seine Könige stürzte und neue einsetzte.

Als Sargon von Akkad (2414–2358 v. Chr.) – einem nördlich von Sumer gelegenen Lande – Uruk überfiel und zerstörte, Urs Mauern schleifte, Lagasch eroberte und eine semitische Herrschaft über ganz Südmesopotamien aufrichtete, begann für knappe zweihundert Jahre ein neuer Abschnitt in der Geschichte dieses Landes.

Die Heere Naramsins, eines Nachfolgers von Sargon, marschierten bis zu den Küsten des Mittelmeeres und des Schwarzen Meeres. Sie vergossen das Blut von Völkern, die sie nicht gerufen hatten. Aber sie vermittelten auch den Stämmen und Völkern von Syrien bis Transkaukasien und bis hinein nach Persien die bereits hochentwickelte Kultur Sumers, die diese in den Stand setzte, eigene Macht aufzubauen.

Als die Gutäer, ein barbarischer Volksstamm des Berglandes im Osten Mesopotamiens, dem Abbild des Sargon die Augen ausstachen, die Ohren abschnitten und den Bart verstümmelten, war dies das Symbol der Knechtung des Reiches von Sumer und Akkad für hundert Jahre, der Zerstörung seiner Städte und der Niederbrennung seiner Tempel.

Aber als Urnammu, der erste König der dritten Dynastie von Ur, die Herrschaft antrat, war der Name der Gutäer ausgelöscht, das Reich von Sumer und Akkad wieder vereint, und Urnammu konnte sich stolz »König der vier Weltgegenden« nennen. Neu entstand die Zikkurat, die »Hochaufragende«, in Ur, auf deren höchster Terrasse ein Tempel aus blauglasierten Ziegeln stand.

Schulgi (2110–2062 v. Chr.), der Sohn des Urnammu, errichtete die Königsgräber von Ur, um die Leiber und Seelen seiner Vorfahren zu schützen. Denn die Macht des Königs ist göttlich, Regierung und Religion sind untrennbar, und das Schicksal der Könige ist auch das Schicksal ihrer Völker. Ibi-sim, der letzte König der glanzvollen 3. Dynastie von Ur, wurde von seinen Feinden gefangengenommen.

Die Herrschaft über Mesopotamien übernahmen zeitweilig die Herren von Mari, der mächtigen Stadt am Euphrat. Die lebenspendende Göttin von Mari wurde ein Sinnbild des Weiterbestands der Reiche, wenn auch das Nebeneinander von Stadtstaaten und ihren Göttern durch zwei Jahrhunderte deren Geschichte bestimmte.

So hatten auch schon früher die Gottesvögte von Lagasch, der am Tigris gelegenen Stadt, kraftvoll die Entwicklung Sumers beeinflußt. Sie ließen ihre Abbilder in die Tempel stellen und sich opfern.

Hammurabi aus dem Nomadenstamm der Amoriter bestieg 1793 v. Chr. den Thron Babylons, einigte das zerrissene Land und zentralisierte die Herrschaft in seiner Hand. Larsa, die ehrgeizige Stadt südlich von Uruk, wurde von ihm erobert. Eingenommen und zerstört wurde auch Mari, die stolze Stadt über dem Euphratstrom, die versucht hatte, sich an die Spitze Sumers zu stellen. Das alte Königreich Eschnunna, nordöstlich des heutigen Bagdad, wurde mit harter Hand unterworfen. Und selbst in Qalat Schergat, der Hauptstadt von Assyrien, lag eine babylonische

Gesetzesstele des Königs Hammurabi von Babylon, um 1790 v. Chr., oberer Teil, schwarzer Diorit, gefunden in Susa, wahrscheinlich ein Beutestück, Paris, Louvre

Der Ptah-Tempel zu Memphis, Blick auf Säulen- und Mauerreste

Statue eines Schreibers (4. Dynastie), die Umrandung der Augen ist aus Kupfer, der Augapfel aus Bein, die Pupille aus geschliffenem Kristall mit Ebenholzhintergrund, Kalkstein, bemalt, gefunden in Sakkara, Kairo, Museum

rechts: Weibliches Idol aus Ton (vorgeschichtlich), Fundort Tell Sawan, Bagdad, Irak-Museum
unten: Bemalte Schale aus Ton (Durchmesser 32,6 Zentimeter), sogenannte Halaf-Kultur, erste Hälfte des 5. Jahrhunderts v. Chr., gefunden in Arpatschija, Bagdad, Irak-Museum

Viergespann, Bronze, Mesilim-Periode, 4./3. Jahrtausend v. Chr., Bagdad, Irak-Museum

Besatzung. In Ischtschali, auf altbabylonischem Territorium, errichtete der siegreiche Herrscher der Ischtar-Inanna, der großen Göttin von Uruk und Ur, einen Tempel: Versöhnung mit der Tradition von Sumer. Der Kreis hat sich geschlossen.

Den vielgesichtigen Gott läßt Hammurabi in den Tempeln aufstellen, er, der »die vier Weltgegenden zum Gehorsam gebracht«. Er herrscht nun vom Taurusgebirge im Norden bis zum Persischen Golf im Süden, und seine Beamten kontrollieren die Städte, Dörfer und Karawanenstraßen. Geeint ist das Reich aber vor allem durch das Gesetz des Hammurabi, das in 282 Paragraphen das ganze Leben der Menschen umfaßt: Prozeßrecht, Besitz und Eigentum, Geldgeschäfte, Familienrecht, Mieten, Sklavenwesen, Tempeldienst, Haus- und Schiffbau, Körperverletzung, Adoption – nichts ist vergessen.

So verkündet es der Herr von Babylon: »Als Marduk mich, die Menschen zu leiten, dem Lande Heil zu bringen, entsandt hatte, da habe ich Recht und Gerechtigkeit im Lande hergestellt und das Wohlbefinden der Untertanen gefördert.«

Dennoch wird Hammurabis Tod (1750 v. Chr.) zum Signal zu Aufständen im ganzen Land.

Und in Babylon zogen die Priesterkönige der Hethiter ein, ein Volk von Kriegern aus den Gebirgen Kleinasiens. Nach genau dreihundert Jahren hatte das Babylonische Reich aufgehört zu bestehen.

Die Kossäer, auch Kassiten genannt, aus dem Nordosten Persiens, beendeten den verwaisten Übergang. Sie drangen aus ihren Bergen in die Flußniederungen von Euphrat und Tigris vor und herrschten dort über vierhundert Jahre. Ihr Gott wurde Marduk, der Herr von Babylon. In Dur Kurigalzu bauten die Kassiten um das Jahr 1340 v. Chr. ihre eigene Residenz.

Mit Ägypten, dem Lande am Nil, trieben die Kassiten einen regen Tauschhandel. Und der noch mächtige Pharao, den der Kassitenkönig »Bruder« nannte, wurde angegangen, diesem eine seiner Töchter nach Dur Kurigalzu zur Ehe zu senden. »Es gibt erwachsene Töchter genug«, schrieb heiter-listig der Kassitenkönig dem Pharao, als dieser zögerte, »schick eine schöne Frau nach deinem Belieben. Wer wird sagen, das ist keine Königstochter?«

Assur allein machte den Kassiten Schwierigkeiten. Und die Heere der Assyrer begannen zu marschieren, die Herrschaft der Kassiten ging zu Ende.

König Tukulti-Ninurta (1245–1208 v. Chr.) unterwarf den südlichen Teil Mesopotamiens, deportierte aus Syrien achtundzwanzigtausend Mann und führte aus Babylon den Gott Marduk als Siegesbeute nach Assur.

Aber als der König bei einem Aufstand von seinem eigenen Sohn ermordet wurde, verlor Assur vorläufig Führung und Macht in Mesopotamien.

Nebukadnezar I., der König von Babylon (1128 bis 1106 v. Chr.), brachte die nördlichen Bergvölker, die ständig den Einfall nach Süden versuchten, zur Ruhe. Er besiegte die Elamiter aus dem Bergland im Südwesten Irans und brachte die Herrschaft über Mesopotamien von Assur nach Babylon. Aber schon dreißig Jahre später hatte sich das Land Assur unter seinem Gotte Assur wieder von allen Fesseln befreit.

In Assur erbaute König Tiglatpileser I. (1116–1077 v. Chr.) den Doppeltempel für Anu, den sumerischen Gott des Himmels, und für Adad, den babylonischen Gott des Gewittersturms. Hoch türmte er die Zikkurat zum Zeichen des vereinigten Großreiches unter seiner Herrschaft. Assurs Truppen stießen bis an die Küsten des Mittelmeers vor.

Unter Assurnasirpal II. (883–859 v. Chr.) erstreckte sich das Reich vom Flusse Chabur bis an das Zagrosgebirge im Westiran und von Nesibis im Süden bis Samarra im Norden.

In Kalach, dem heutigen Nimrud, errichtete Assurnasirpal seinen Palast, zwei Hektar groß. Gewalt, Mühen und Kosten wurden nicht gescheut. 69 574

Die Zikkurat von Dur Kurigalzu (jetzt Aqar Quf), Residenz der Kassitenkönige, mit Außenmauer und Vorhof

Gäste lud er aus allen Teilen des Reiches dorthin ein. Was der König schreiben ließ, erkennen wir auch auf den Reliefs der Thronbasis von Kalach: »Die glücklichen Völker aller Länder habe ich zusammen mit dem Volk von Kalach zehn Tage lang festlich bewirtet, mit Wein erquickt, gebadet, gesalbt und mit allen Ehren überhäuft. Dann habe ich sie in Frieden und Frohsinn nach Hause ziehen lassen.«

Aber die Truppen seines Sohnes Salamanassar III., des Erobererkönigs von Assur (859–824 v. Chr.), zogen – so steht es geschrieben – »bis an das Land Chattu und bis an das Große Meer, wo die Sonne nicht untergeht«. Die phönikischen Hafenstädte Tyros, Sidon und Arpad wurden tributpflichtig gemacht. Die phönikischen Könige wurden gezwungen, dem König von Assur die kostbarsten Erzeugnisse ihres Landes darzubringen und zum Zeichen der Unterwerfung die Füße zu küssen. Und das Heer Israels unter dem König Ahab wurde gemeinsam mit den Heeren von zehn verbündeten Königen bei Quarqar in Nordsyrien vernichtend geschlagen. Babylon blieb trotzdem die heimliche und geistliche Hauptstadt.

Hundert Jahre später ließ Sargon II., König von Assur (722–705 v. Chr.), eine neue Residenz in Dur Scharrukin in nur sechs Jahren erbauen. Als er 705 v. Chr. auf einem Feldzug im Taurusgebirge getötet wurde, reichten die Grenzen seines Landes von den Bergen im Osten bis nach Ägypten.

Der Nachfolger, Sanherib, hörte nicht auf das Wort Marduks, des Gottes von Babylon. Er zerstörte 689 v. Chr. die Heilige Stadt und ließ schreiben: »Die Stadt vernichtete ich und gab alles dem Feuer preis. Ich mißhandelte sie fürchterlicher als eine Sintflut. Damit diese Stadt und die Tempel ihrer Götter in Zukunft unauffindbar seien, machte ich sie einem Sumpfe gleich.«

Ninive, heute Kujundschik genannt, am linken Tigrisufer gegenüber Mosul gelegen, erhob er zur neuen Hauptstadt des Reiches. Und sie blieb es auch unter dem »großen und berühmten Assurbanipal«, der gegen Ägypten grausam zu Felde zog, eine riesige

König Sargon II. (721–705 v. Chr.), Detail aus den Reliefs im Thronsaal von Dur Scharrukin (jetzt Chorsabad), Bagdad, Irak-Museum

Bibliothek anlegte und das Werk seiner Tage als Reliefs in die Palastwände einmeißeln ließ. Aber die Tage Ninives und Assurs waren gezählt. Nahum, der jüdische Prophet, verkündete: »Langmütig ist der Herr und voll Geduld; doch läßt er niemals etwas ungestraft.« – »Weh dieser blutbefleckten Stadt, ganz Lug und Trug, der Grausamkeit voll, im Rauben unersättlich. Horch! Peitschenknall! Horch! Räderrasseln! Und rennende Rosse und rollende Wagen! Und stürmende Reiter und funkelnde Schwerter und blitzende Lanzen, in Menge Erschlagene und Tote in Haufen. Hinsinken, Assyrerkönig, deine Mächtigen in Schlaf; dein Volk zerstreut auf Bergen, und niemand sammelt's.«

Als es Ägypten unter seinem König Psametich um 650 v. Chr. gelang, die assyrische Fremdherrschaft abzuschütteln, war dies für die Meder, ein rauhes und kriegerisches Reitervolk im Iran, das fünfhundert Jahre von den Assyrern geknechtet worden war, das Zeichen, sich mit den Chaldäern, einem semitischen Volk in Südmesopotamien, unter der Führung seines Königs Nabupolassar zu verbünden, um gemeinsam das Joch Assurs zu zerbrechen.

614 v. Chr. fiel Assur und 612 Ninive, der König und sein Volk sanken hin. Die Rache der geknechteten Völker war gnadenlos: Keine Stadt Assyriens blieb unzerstört, grausame Gemetzel rotteten ihre Bewohner aus.

Mesopotamien veränderte völlig sein politisches Gesicht. Im Norden entstand ein Medisches Reich mit Ekbatana als Hauptstadt, das fast bis an die Grenzen Indiens reichte. Und im Süden das 2. Babylonische Reich mit Babylon als Hauptstadt, das noch einmal ganz Mesopotamien von Ur bis zu den Gebirgen im Norden, vom Persischen Golf bis zur Küste des Mittelmeeres umfaßte.

Die letzten großen Tage des Spätbabylonischen Reiches begannen. Die babylonische Erdkarte stellt den himmelsgeographischen Kosmos dar: Unter dem Himmelspol, dem Sitz des höchsten Gottes, liegt Babylon, das Band zwischen Himmel und Erde. Beide bilden – ineinanderfallend – den Nabel der Welt. Davon ausstrahlend liegen in den vier Himmelsgegenden die vier Quadranten der Erde, von vier

Fußboden (Ornamente und Keilschrift) aus dem Thronsaal von Dur Scharrukin (Chorsabad), Bagdad, Irak-Museum

Göttern beschirmt. Zwölf Länder werden von den zwölf Zeichen des Tierkreises am Himmel gedeckt, der als Ringform auf Erden Raum und Zeit bestimmt. Aus ihm stoßen gleich sieben Hörnern in die Richtungen fernster Gegenden die Kriegsstraßen und die Karawanenwege.

»Babylonische Weltkarte«, Fundort Sippar, vermutlich um 2300 v. Chr. gezeichnet, London, Britisches Museum

Im Jahre 587 stellte sich Nebukadnezar II., König von Babylon (605 562 v. Chr.), an die Spitze seines Heeres, um Israel, die ehemalige assyrische Provinz, zu vernichten. Er ließ niederschreiben: »Nebukadnezar, der Günstling des Marduk, der erlauchte Priesterfürst, der Prophezeite, der erstgeborene Sohn Nabupolassars, des Königs von Babylon, bin Ich.« Und Jeremia, der Mann aus Juda, hatte prophezeit:

»Weh dir, Jerusalem. Ich habe gesehen deine Ehebrecherei, deine Geilheit, deine freche Hurerei, deine Greuel auf Hügeln und Äckern. So sprach zu mir der Herr: Ich will sie heimsuchen mit dem Schwert, das sie erwürgt, und mit Hunden, die sie schleifen. Ich will sie stoßen aus diesem Lande, stoßen in ein Land, davon weder ihr noch eure Väter gewußt haben. Siehe, ich gebe diese Stadt in die Hand Nebukad-

links oben: Die Hängenden Gärten, Detail aus den gesammelten Stichen »Entwurf einer historischen Architektur« des J. B. Fischer von Erlach, 1775, London, Bibliothek des Britischen Museums
links unten: Die Hängenden Gärten, Rekonstruktionsversuch des Ausgräbers von Babylon, Robert Koldewey, 1918
rechts: Die ausgegrabenen Fundamente der Hängenden Gärten mit Umfassungsmauer (Nordwestseite)

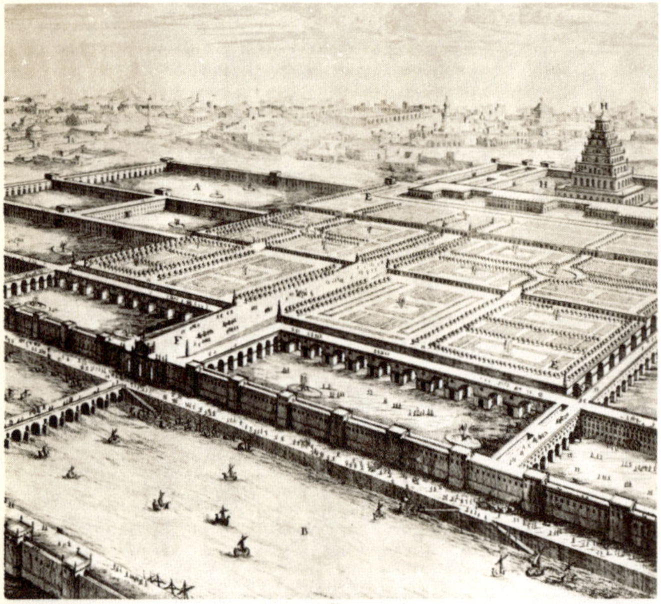

nezars, des Königs zu Babel. Und die Chaldäer werden hereinkommen und sie mit Feuer anstecken und verbrennen.«

Und das Heer Babylons zerstörte die Stadt Jerusalem und seinen Tempel. Nebukadnezar stach selbst mit goldenem Dolch dem König von Juda die Augen aus und führte das jüdische Volk in die Gefangenschaft nach Babylon. Die Juden sahen den Ruhm und die Macht und den Reichtum Babylons, der himmlischen Stadt am Euphrat.

Sie lasen, was Nebukadnezar hatte niederschreiben lassen: »Als Marduk mich rechtmäßig erschuf, die Städte zu erneuern, war ich in Ehrfurcht gehorsam. Babylon, die Stadt meines Herrscherruhms,

ihre großen Mauern vollendete ich. An ihre Tore setzte ich mächtige Stiere und furchterweckende Drachen. Ihr Fundament gründete ich fest an der Brust der Unterwelt, ihre Spitze führte ich bergehoch auf. In Esaglia, dem Palast Himmels und der Erden, ließ ich den Wohnsitz der Wonne der Götter mit glänzendem Gold überziehen. Den Stufenturm von Babylon baute ich neu.«
Sie sahen den Tempel der Ninmach, der Göttin der Fruchtbarkeit. Und sie hörten die Gebete: »Barmherzige Mutter, breite meinen Samen aus und mache zahlreich mein Geschlecht.« Sie sahen das Schloß des Königs mit seinen zahllosen Räumen und dem riesigen, neunhundert Quadratmeter großen Thronsaal, mit den Hallen für fremde Gesandte und Könige und den zahlreichen Kammern und Wohnungen für die königliche Familie und die Palastbeamten: Mittelpunkt und Heiligtum der weltlichen Macht. Sie sahen das Museum, in dem der König die Denkmäler der Vergangenheit Babyloniens und Beutestücke aus fremden Ländern sammelte. Sie hörten, wie die Priester dem König zuriefen: »Das Netz der Kanäle gehöre dir! Die Weiden in der Wüste mögen dir gehören! König, halte die Sonne in der rechten Hand! König, halte den Mond in der linken Hand! Das göttliche Königtum möge in deinen Leib dringen!« Sie hörten die Glocken der Tempel läuten, wenn die Karawanen der Kamele und Pferde, mit Rubinen, Purpur, Teppichen, Korallen und Perlen, mit Gold und kostbaren Spezereien beladen, eintrafen: aus Ekbatana im Iran, aus den Luxusstädten der Phönizier am Mittelmeer, aus der Stadt Sardes in Westkleinasien, aus den Städten und Dörfern Indiens und aus den Zedernwäldern des Libanon. Und sie sahen, gleich einem Traum, vor dem Hintergrund der endlosen gelben Wüste mit der heißen und flirrenden Luft die »Hängenden Gärten«, das zweite der Sieben Weltwunder der Antike, mit denen sich nächst dem Paradies, dem Garten Eden, die Phantasie der Menschen am meisten und liebsten beschäftigt hat. So auch der berühmte Barockbaumeister Fischer von Erlach (1656–1723), der den Traum nach den Angaben antiker Autoren in seinem 1725 in Wien veröffentlichten »Entwurf einer historischen Architektur« in exakte Architektur umzusetzen versuchte.
In der Nähe des riesigen Ischtartores, verkleidet mit blauglasierten Ziegeln und geschmückt mit den Symbolen der Götter, fand Robert Koldewey in der spitzen Nordostecke des Königspalastes die Fundamente der Hängenden Gärten:
Vierzehn Kammern mit massiven Gewölben, ein mächtiger Block von Steinen in ihrer ganzen Ausdehnung unter der Grundfläche des Nebukadnezar-Palastes. Sie können also nur die Unterbauten darstellen, die allerdings ahnen lassen, wie groß und wunderbar die oberen Bauteile gewesen sein müssen.
In seiner »Historischen Bibliothek« berichtet der Grieche Diodor, der zur Zeit Cäsars Babylon betreten und die Hängenden Gärten noch gesehen hat: »Und dann«, schreibt Diodor, »war da noch der hängende Garten, Paradeisos. Man steigt hinauf wie auf einen Berg. Die Baulichkeiten kommen eine aus der anderen heraus, gleich der Syrinx, der Panflöte, die aus mehreren Rohren von ungleicher Länge besteht, so daß sich ein theaterartiger Anblick ergibt. Siebeneinhalb Meter dicke Flankenmauern waren vollendet hergerichtet. Die Abdeckungen der Gänge schlossen steinerne Balken. Darauf ruhte zuerst eine Unterlage von Rohr mit viel Asphalt, darauf eine doppelte Schicht von gebrannten Ziegeln, in Gips verlegt, darüber eine Bleideckung, damit nicht die Nässe der Fruchterde, die aufgehäuft war, in die Tiefe hinabsickern sollte. Die Erde war in einer solchen Tiefe gehäuft, daß sie den Wurzeln der mannigfaltigen Bäume genügte, die nach Größe und Reiz den Betrachter wohl zu bezaubern vermochten.
Auch war da noch ein Gang, der bis nach der obersten Gartenzone Durchleitungen hatte und Vorrich-

tungen zum Wasserschöpfen, durch die eine Menge Wasser aus dem Fluß herausgezogen wurde, ohne daß man von außen sah, was da vor sich ging.« Herodot, der Vater der Geschichtsschreibung, behauptet, die Urheberin der Hängenden Gärten sei Sammurâmat oder Semiramis gewesen, die »Dame des Schamschi-Adad« und Mutter des Ad-Nirâri, Königs der vier Weltgegenden, die um 850 v. Chr.

oben: Heutiger Zustand des Thronsaales im Stadtschloß Nebukadnezars II. in Babylon
unten: Blick auf die vom Norden nach Süden durch Babylon führende Prozessionsstraße im heutigen Zustand

von sich schreiben ließ: »Mitten in meiner Politik und meinen Kriegen fand ich Zeit, die Begierden meines Leibes zu sättigen.«

An den Hängenden Gärten vorbei führte die Prozessionsstraße, geschmückt mit lebensgroßen Fabeltieren, bis hin zum Ischtartor, das mit fünfhundertfünfundsiebzig vielfarbigen Stier- und Drachenfiguren geschmückt war. Dort beteten bis zu einer Million Männer und Frauen – so berichtet uns Herodot – in den Tagen ihres Festes.

Wie in Ur und Assur, so war Semiramis auch in Babylon die Herrin des Priesterkönigs, dem sie »Stab und Ring, die Zeichen der Macht, übergab«; Herrin der Freien, die – wohl dem Gesetz unterworfen, aber niemandem zu eigen – an der Spitze der sozialen Rangordnung standen; Herrin der Sklaven, die sie durch Geburt oder Gefangenschaft wurden, wie das Vieh den Namen ihres Besitzers trugen und die Städte, die Paläste und die Häuser der Götter bauten; Herrin der Priester, deren Tempel nicht nur Stätten der Anbetung waren, sondern auch Mittelpunkte aller bürgerlichen, geschäftlichen und geistigen Tätigkeit. Diese bewirtschafteten die riesigen Ländereien, betrieben Industrien und bildeten die Schreiber und Beamten aus. Sie pflegten die Wissenschaften: Mathematik, Astronomie, Philologie, Medizin, Staats- und Wirtschaftsrecht, Diplomatie, Architektur, Technik.

Aber das Schicksal setzt Menschen und Völkern einmal ein Ende. Groß schien Babylon und allmächtig sein König: Das Volk der Juden hatte es in seine Grenzen gesperrt, auf Ägypten lag schwer die Faust der Chaldäer, und die Kriegswagen rollten weit über die Grenzen.

Aber Babylon zog die Wolken der Vergeltung auf sich. Sein König flehte: »Herr, meiner Verfehlungen sind viel, groß meine Sünden! Die Begnadigung sprich aus meines elenden Leibes, der voller Krankheit und Unordnung ist, und die Begnadigung meines schmerzzerquälten Herzens, das erfüllt ist von Tränen und Seufzern.« Die Priester klagten an: »Nebukadnezar hat sich versündigt und heraufbeschworen den göttlichen Zorn. Die Götter warten auf den Tod des Sünders, um durch seine Strafe das Gleichgewicht zwischen Gut und Böse wiederherzustellen.« Und der König selbst: »Ein persisches Maultier wird kommen und euch in seine Knechtschaft zwingen. Ich, Nebukadnezar, prophezeie euch Babyloniern das Unheil.«

Und die Juden saßen am Euphrat und frohlockten: »Dein Ende ist gekommen, und deine Macht ist aus!« Und das »persische Maultier«, König Kyros der Achämenide, setzte sich mit seinem Heer in Bewegung, während Nebukadnezar starb.

Mit dem Siege der Perser 539 v. Chr. war der Untergang der politischen Selbständigkeit Babylons für alle Zeiten besiegelt.

Die Absicht Alexanders des Großen, Babylon zur Hauptstadt seines neuen Weltreiches zu erheben, wurde zunichte, als das tödliche Fieber ihn 323 v. Chr. in eben dieser Stadt ergriff.

Parther, Römer, Araber und Mongolen bauten Burgen und Städte in dem Lande zwischen Euphrat und Tigris und dezimierten die Bevölkerung im Verlauf von Jahrhunderten in blutigen Kriegen und Metzeleien. Sie hinterließen nichts als Trümmer. Aber unverlierbar blieb die Erinnerung an die Größe und Macht von Ur, Assur und Babylon. Und – gleichsam alle Grausamkeiten versöhnend – das Gedächtnis an die Hängenden Gärten der Semiramis.

DER ZEUS VON OLYMPIA

Zeus von Joannina, Bronze, Istanbul, Museum

So schildert uns Homer im ersten Gesang der Ilias Zeus, den Herrscher im Donnergewölk: »Also sprach und winkte mit schwärzlichen Brauen Kronion, und die ambrosischen Locken des Königs wallten ihm vorwärts von dem unsterblichen Haupt: es erbebten die Höhn des Olympos.«

In der Statue des Zeus von Olympia, 433 v. Chr. vollendet, hatte der Bildhauer Phidias den Gott und das Göttliche als Ziel der Sehnsucht jedes einzelnen Griechen nach Vollkommenheit gestaltet. Den olympischen Zeus nicht erschaut zu haben, wurde deshalb als Unheil betrachtet. Und mit Recht wurde später das Zeusbild zu den Sieben Weltwundern gezählt. Aber bis dahin war es ein langer Weg.

Hesiod, der erste Dichter auf europäischem Boden und neben Homer der größte Epiker der Griechen, berichtet uns in seinem »Stammbaum der Götter«, der Theogonie: Am Anfang war das Chaos, der gähnende, unermeßliche Weltraum, er gebar, von Erebos, der Urfinsternis, befruchtet, die gewaltige Gäa, die Erde, breitgebrüstet, die aus sich zeugte Uranos, den sternigen Himmel, und Pontos, die brausende Brandung des Meeres.

Gäa aber blieb die Nährerin aller Geschöpfe im Meer, auf dem heiligen Boden der Erde und in den Lüften.

Von Eros, der Weltliebe, bewegt, vermählte sich Gäa mit Uranos und gebar die Titanen, gewaltige Söhne und Töchter: Okeanos, den Ur- und Weltenstrom, Thetis, die nährende Feuchtigkeit, die Mutter aller Quellen und Flüsse, Hyperion, den Schöpfer von Sonne, Mond und Morgenröte, und den verschlagenen Kronos, der den blühenden Vater Uranos haßte. Auch gebar ihm Gäa die finstergewaltigen, einäugigen Kyklopen, in deren Werken Stärke, Gewalt und Erfindung lag.

Als sie Uranos zu mächtig wurden, warf er sie tief in den Schoß der Erde, den Tartaros, das Titanengefängnis in der lichtlosen Unterwelt. Aber Gäa, die riesige Erde, stöhnte im Innern: »O ihr Kinder, rächt an dem eigenen Erzeuger die schlimme Schmach.« Und Kronos, der Listenmächtige, entmannte und tötete Uranos, seinen Vater. Aber aus dem Blut des Getöteten erwuchsen die Erinnyen, die Göttinnen der unentrinnbaren Rache, und das Geschlecht der Giganten.

Da zog Zeus, des Kronos Sohn, mit einem Teil der Titanen aus, den Vater zu stürzen. Der Olympos, Griechenlands höchster Berg, wurde ihm zur Festung und Thessalien zum Schlachtfeld. Kronos fiel, und Zeus wurde zum Herrscher der Welt. Hades, dem Bruder, und seiner Gattin Persephone übertrug er die Herrschaft über die Unterwelt. Poseidon, den anderen, dunkelgelockten Bruder, den Erdenerschütterer, erhob er zum Beherrscher des Meeres. Zeus selbst erkor sich den Olympos zum Thron, um die oberste Gewalt über Himmel, Erde und Meer zu führen.

Da standen die Giganten, dem Blute des Uranos entsprossen, wider die neuen Götter auf, die Herrschaft über Himmel und Erde zu erringen. Aber der blitzeschleudernde Zeus schlug auch sie zu Boden. In Zeus, dem mächtigsten der Götter, lag von nun an die höchste Weisheit der Welt, die Harmonie des Himmels und die Gesetzmäßigkeit auf Erden.

Die irdischen Herrscher empfingen ihre Macht von Zeus, dem König der Könige, und die Freiheit der Völker hatte in ihm ihren Urheber und Beschützer. Auf dem Olympos lebte Zeus mit den Göttern in ewiger Jugend. Auf dem mit ewigem Schnee bedeckten Gipfel des thessalischen Gebirges, im Blick auf das Ägäische Meer, erbaute Hephaistos, der weisheitsberühmte Sohn des Zeus und der Gott des Feuers, die Paläste der Götter. Hera, die dunkeläugige Gattin des Zeus, die goldenthronende, unsterbliche Königin des Himmels und Beschützerin der Mütter, wohnte dort, auch die männerbeschützende Athena, der gestaltgewordene gute Rat, dem

Haupte des Zeus entsprungen, und Apollon, der Heilende und Strafende, mit seiner Zwillingsschwester Artemis, der gewaltigen Jägerin und Göttin der freien Natur.
Ebenso wohnte dort Aphrodite, die Goldbekränzte, die Göttin der Liebe und der unsterblichen Schönheit, aus dem Schaume des Meeres geboren, Hermes, der Bote der Götter, der Segenspendende, Ares, der speergewaltige König des männlichen Mutes, und Dionysos, der efeubekränzte und traubenumrankte Gott der Sänger. Selten ist der Gipfel des Olympos ganz frei von Gewölk, denn die bewachenden schöngelockten und heiteren Horen schließen die Tore des Götterberges sorgsam mit goldenen Wolken und öffnen sie nur, wenn ein Gott aus ihnen hervorgeht. Von dort bewegt Zeus die Wolken, erregt die Gewitter, löst den Donner und schleudert die Blitze.
Er wägt die Geschicke der Menschen und wacht über die Familie und Ratsversammlung. Er schützt die Heiligkeit des Gastrechtes und des Eides. Zeus allein kennt die Zukunft aller Wesen. Im Gewitter, im Vogelflug, in Träumen und im Rauschen des Eichenhaines gibt er den Menschen seinen Willen kund.

Blick vom Apollontempel in Delphoi auf das Pleistostal

oben: Bleitäfelchen mit Orakelfragen, gefunden im Zeus-Heiligtum von Dodona, Joannina, Museum
unten: Palmette vom Zeustempel in Dodona, Joannina, Museum

In Dodona in der Nähe des Sees von Joannina stand das älteste Heiligtum des Zeus. Dodona, im Westen begrenzt vom Ionischen Meer, das seinen Namen bekam von Jo, der schönen Priesterin der Hera von Argos, der Geliebten des Zeus, im Osten von dem fruchtbaren und wasserreichen Thessalien, der Heimat der schnellsten und mutigsten Rosse, im Norden vom gebirgigen Illyrien, der riesigen Weide der Rinder, Schafe und Ziegen, und im Süden von dem weinreichen Aiolien mit seinen kampflüsternen und beutegierigen Kriegern. Die Priesterinnen von Dodona sangen: »Zeus war, Zeus ist und Zeus wird sein; o größester Gott Zeus!«

Dione, Tochter des Okeanos und der Tethys, wurde die Gemahlin des Zeus von Dodona und die Mutter der Aphrodite, der Göttin der Liebe und Schönheit. Zeus offenbarte seinen Spruch allen Griechen durch den Mund seines Sohnes Apoll, »dem starken Jüngling, die breiten Schultern von Locken umflogen, der einem Stern am hellen Mittag glich«. Das geschah in Delphoi, in der Mitte Griechenlands, in der Landschaft Phokis gelegen, am Nabel der Welt, dort wo des Gottes Adler aus Westen und Osten sich trafen. In Delphoi, wo das geflügelte Pferd Pegasos mit einem Hufschlag den Kastalischen Quell aus dem Felsen des Parnassos schlug, dessen Trunk die Dichter zu Gesängen hinriß, wo sich die Völker von zwölf Stämmen des Landes ohne Unterschied ihrer Stammesherkunft zum Bund zusammenschlossen, zur »Amphiktyonie«, und Gericht hielten, wo sich bei den Pythischen Spielen, fast siebenhundert Jahre vor Christi Geburt begründet, die Dichter zu Ehren des Apollon Musagetes im Theatron zum Kampf der Gesänge trafen, wo die Rosselenker im eintausend Fuß langen Hippodromos auf der nahen Krisäischen Ebene um den Sieg rangen und die Athleten im Stadion in ritterlichem Spiel um den Siegeslorbeer kämpften, dort in Delphoi saß Pythia, die Priesterin des Apoll, auf goldenem Dreifuß über einem Erdspalt, dem berauschende Dämpfe entströmten, und murmelte, auf solche Weise erregt, dunkle Worte, die die Priester den Fragenden deuteten.

Denn so hatte es Phoibos Apollon verkündet: »O ihr törichten Menschen, ihr kummerbeschwerten, die immer Sorgen suchen im Herzen und Not und schwere Bedrängnis: Leicht kann ich euch helfen, nehmt meine Worte zu Herzen.«

»Siehe«, so singt der Dichter, »mit leuchtendem Viergespann glänzt Helios über die Erde schon. Die Sterne fliehn vor des Himmels Glut in heiliger Nacht. Parnassos' unbetretene Höhn erstrahlen im Licht, berührt vom Tag, der für die Sterblichen anbricht. Dorrender Myrrhe Duft steigt auf zu Phoibos' Gebälk. Auf heiligem Dreifuß thront und singt den Griechen die delphische Frau den Spruch, mit dem Apoll sie umtönte.

Ihr Delpher! Phoibos' Gesinde, auf! Zieht hin zur silbern schimmernden Flut Kastalias, netzt im reinen Tau die Glieder, dann steigt zum Tempel hinan,

rechts: Drache von der Prozessionsstraße in Babylon, Berlin, Vorderasiatisches Museum
unten: Omphalos, der »Nabel der Welt«, im delphischen Tempelbezirk, Delphoi, Museum

Löwe von der Prozessionsstraße in Babylon, Schmelzfarbenziegel (Höhe 84 Zentimeter), zwischen 604 und 562 v. Chr. errichtet

Stier von der Prozessionsstraße in Babylon, Schmelzfarbenziegel, beide Berlin, Vorderasiatisches Museum

links: Gewölbter Gang zum Stadion von Olympia
Seite 96: Nubier, ein Tier tragend, Elfenbeinfigur aus Shalmaneser bei Nimrud, London, Britisches Museum
Seite 97: Knabe mit Siegerbinde, Bronzekopf aus dem 5. Jahrhundert v. Chr., München, Glyptothek

weiht frommer Rede den Mund. Und nahn, die fragen um Rat, so spendet ihnen Worte des Heils von angemessener Zunge.«
So erteilte Zeus ganz Hellas Mahnung und Ordnung. Wer sich dem Maß und Gesetz des Völkerhirten widersetzte, den strafte der Zorn des Apollon. Mit seinen Pfeilen, die er vom silbernen Bogen schnellte, ereilte der Ferntreffende den Frevler und brachte ihm Tod und Verderben.
Zu der Zeit, da man in Griechenland und in Mesopotamien noch Löwen jagte, als man die Gesänge des Homer vom trojanischen Kriege, vom Leben und Sterben der Helden aufzeichnete und auch die Gesänge von der abenteuerreichen Rückkehr des listenreichen Odysseus nach Ithaka, fühlten sich die verschiedenen griechischen Stämme bereits zusammengehörig gegenüber den sie umgebenden Barbaren. Sie bauten ihre Häuser um den Altar eines Stammesgottes und schützten sie durch eine Mauer. Schon im 7. Jahrhundert v. Chr. kamen in den fruchtbaren Tälern und auf den Inseln Griechenlands Städte wie Athen, Sparta, Korinth, Theben, Milet zu Blüte und Bedeutung. Mit Ochs, Esel und Pflug bauten die Griechen Gerste und Weizen. Ölbaum und Weinrebe, die wohl aus Ägypten stammten, pflegten sie mit Eifer und Können.
Von den Frauen des Nillandes hatten die Griechen Spinnen und Weben erlernt. Auch die Zwölfteilung des Tages und die Geheimnisse des Himmels hatten sie über Ägypten von den Babyloniern übernommen. Die Phoinizier lehrten sie die Seefahrt entlang den Ufern des Meeres. Bald saßen die Griechen an den Küsten des Schwarzen Meeres, in Unteritalien und Sizilien, und Marseille, Massalia genannt, war eine griechische Stadt.
Nach der Mitte des 7. Jahrhunderts wurden bald in jeder griechischen Stadt Münzen geprägt. Die primitive Form des Tauschhandels wurde damit überwunden.
Die Polis, die Stadtgemeinschaft, der Staat, kannte vielfältige Elemente, die die Herrschaft ausübten: das Volk, die Aristokratie, Parteiführer und Tyrannen, nie aber den halbgöttlichen Monarchen, umgeben von einem zeremoniellen Hof, wie er in Ägypten und Mesopotamien herrschte.
Die Welt jener Tage umfaßte Griechenland, Ägypten, Kleinasien und Syrien, den Kaukasus bis zum Kaspischen Meer, das Altassyrische und das Babylonische Reich, Medien und Persien und dehnte sich bis zum Indus hin aus. Und alle Völker, die in dieser Welt wohnten, zahlten Tribut an Dareios, den Herrscher von Persien, den König der Könige. In den Städten Persepolis, Susa und Ekbatana schlug das regierende Herz dieser Welt.
Nur die europäischen Griechen, Italien, Karthago, Sizilien und die phoinizischen Kolonien Spaniens waren dem Persischen Reiche nicht tributpflichtig, doch sie hielten Frieden mit ihm. Die einzigen, die sein Reich bedrohten, waren die skytischen Horden Südrußlands und Mittelasiens. In den Kasernen von Persepolis lag das Korps der berühmten »Zehntausend« bereit.
Im Jahre 513 ließ Dareios seine Truppen über den Bosporus durch Bulgarien, über die Donau weit nach Norden marschieren. Thrazien und Mazedonien wurden unterworfen.
Die Griechenstädte Kleinasiens erhoben sich gegen die persische Herrschaft, und die Griechen Europas leisteten ihnen Hilfe. Miltiades, ein kühner Mann und einer der Strategen Athens, führte 490 v. Chr. ein kleines Heer in der schmalen Ebene von Marathon an der Ostküste Attikas gegen das übermächtige Perserheer in die offene Feldschlacht.
Da befahl Dareios, der König der Könige, einen Reichsfeldzug gegen die Griechen. Doch er starb im Jahre 486, ehe sich die Truppen in Marsch setzen konnten.
In Naqsch-i-Rustam, der Grabstätte der achämeni-

Blick auf die antike Einfassung der »Kastalischen Quelle«

Der Altar vor dem Apollontempel in Delphoi

dischen Könige, fand er die letzte Ruhe. Sein Sohn Xerxes führte sechs Jahre später das Heer über den Bosporus nach Griechenland.
Themistokles, der Führer des griechischen Heeres, verlangte die Preisgabe Thessaliens und eine gemeinsame Aktion des Heeres und der Flotte bei den Thermopylen, dem Einfallstor nach Mittelgriechenland. Die Verbündeten, die gleichzeitig gegen Athen rivalisierenden Spartaner, forderten die Preisgabe Mittelgriechenlands und die Verteidigung des Isthmos. Die Perser zogen ihren Nutzen aus dem Streit: Leonidas wurde mit seinem kleinen Haufen von Spartanern bei den Thermopylen von den Persern vernichtet, und Athen ging in Flammen auf.

Stele eines Waffenläufers (als Marathonläufer bezeichnet) im Augenblick des Zusammenbrechens am Ziel, 1,02 Meter, um 520 v. Chr., Athen, Nationalmuseum

Themistokles vereinigte mit Mühe die griechischen Schiffe, stellte sich bei Salamis der persischen Flotte und errang einen vollkommenen Sieg.

Unter Pausanias von Sparta, der die vereinigte Landarmee der Griechen befehligte, wurde 489 v. Chr. die gefürchtete persische Reiterei bei Platäa vernichtet und das Fußvolk zu Paaren getrieben.

Xerxes kehrte nach Asien zurück. Sein Weltreich wurde durch Aufstände in Ägypten, Syrien und Medien in den Grundfesten erschüttert. Nike, die Siegesgöttin, der gestaltgewordene Sieg, schwebte über Griechenland und nahm Wohnung in Olympia, das nach heiliger Sage Herakles, der löwenherzige Sohn des Zeus, nach langem Kämpfen und Irren gegründet hatte. Er vermaß das Heiligtum des Zeus, er gründete die umgrenzende Mauer und gab den Olympischen Spielen Ordnung und Satzung.

Seit dem Jahre 776 v. Chr. zählte man die Olympischen Spiele, und Verträge verbürgten, daß aller Streit zwischen den Menschen und Stadtstaaten ruhte, wenn sich die Griechen unter den Augen des weithin schauenden Zeus in Olympia zum Wettkampf trafen.

Keine bewaffnete Schar durfte das Heiligtum, die Altis, betreten. Und ewige Waffenruhe war dem blühenden Lande Elis verliehen. Alle vier Jahre eilten die Boten von Olympia aus durch Griechenland, um den Landesfrieden zu verkünden. Man maß die Zeit nach Olympiaden, den Raum nach olympischen Stadien.

Olympia bestand aus zwei streng voneinander geschiedenen Teilen. In der Altis, dem Hain und Tempelhof des olympischen Zeus, von den Wassern des Alpheios und Kladeos begrenzt, befand sich nur, was den Göttern gehörte. Der andere Teil diente den Menschen und ihren täglichen Geschäften.

Im Zentrum der Altis liegt das Pelopion, Grab und Verehrungsstätte des Pelops, eines Enkels des Zeus. Der Ostgiebel des Zeustempels zeigt den Wettkampf zwischen Pelops, dem Rossebändiger, und König Oinomaos von Elis, der seine geliebte Tochter Hippodomeia nur dem Manne versprach, der ihn im Wagenrennen besiegen könne, was aber keinem möglich war, da der göttliche Vater Ares dem Sohne Pferde geschenkt hatte, die »schneller waren als der Nordwind«.

Myrtilos, König Oinomaos' Wagenlenker, von Pelops bestochen, lockerte die Räder am Wagen seines Herrn. Pelops siegte und wurde König von Elis. Mit Hippodomeia zeugte er das Geschlecht der Atriden, aus dem der Völkerfürst Agamemnon und Menelaos, Gatte der Helena, hervorgingen.

Der älteste Tempelbau Olympias war das Heraion, das Heiligtum der goldenthronenden Hera, der Gattin des Zeus, mit sechs Säulen an der Schmalseite und sechzehn Säulen an den Längsseiten. Unter ihrem Kultbild soll die Gründungsurkunde der Olympischen Spiele aufbewahrt worden sein. In einer der Nischen ihres Tempels stand die Statue des Götterboten und Zeussohnes Hermes, des Gottes des Wohlstands und des Gedeihens, gefertigt von der Hand des Praxiteles, des größten Meisters aus Athen. Sie blieb wie durch ein Wunder erhalten.

Zeus, der Völkerhirte und Vollender, wurde in Olympia durch Jahrhunderte unter blauem Himmel und rauschenden Baumwipfeln verehrt. Riesige Dreifußkessel, Weihegeschenke der Gläubigen, Zeichen des Opferwillens und kindlicher Verehrung, Greifenköpfe in allen Größen als Abwehr dämonischer, unheilbringender Kräfte beherrschten das Feld, und Siegesmale aus erbeuteten Waffen waren an den Stadionwällen aufgestellt.

Um das Jahr 470 v. Chr. begann man, dem Gotte Zeus den Tempel zu bauen.

Bereits fünfzehn Jahre später, gegen 456, stand er vollendet, in einer Länge von vierundsechzig und einer Breite von siebenundzwanzig Meter.

Über drei hohen Stufen erhoben sich auf den Breitseiten sechs und auf den Längsseiten dreizehn Säulen in einer Höhe von über zehn Meter, bei einem Durchmesser von über zwei Meter. Mächtigere Säulen wurden bei keinem Tempel auf dem griechischen Festland errichtet.

Die poröse Oberfläche des Muschelkalks, aus dem der Tempel gebaut ist, wurde mit feinem Stuck überzogen, so daß der Eindruck von schimmerndem Marmor entstand.

Je einundfünfzig wasserspeiende Löwenköpfe leiteten das Regenwasser von den riesigen, mit Marmorziegeln gedeckten Dachflächen ab. Dem gehaltenen Ethos des Ostgiebels, das Zeus, den Bewacher und Schützer des Eides, zeigt, ist das entfesselte Pathos

Helm, spätkorinthisch, 500 v. Chr., Olympia

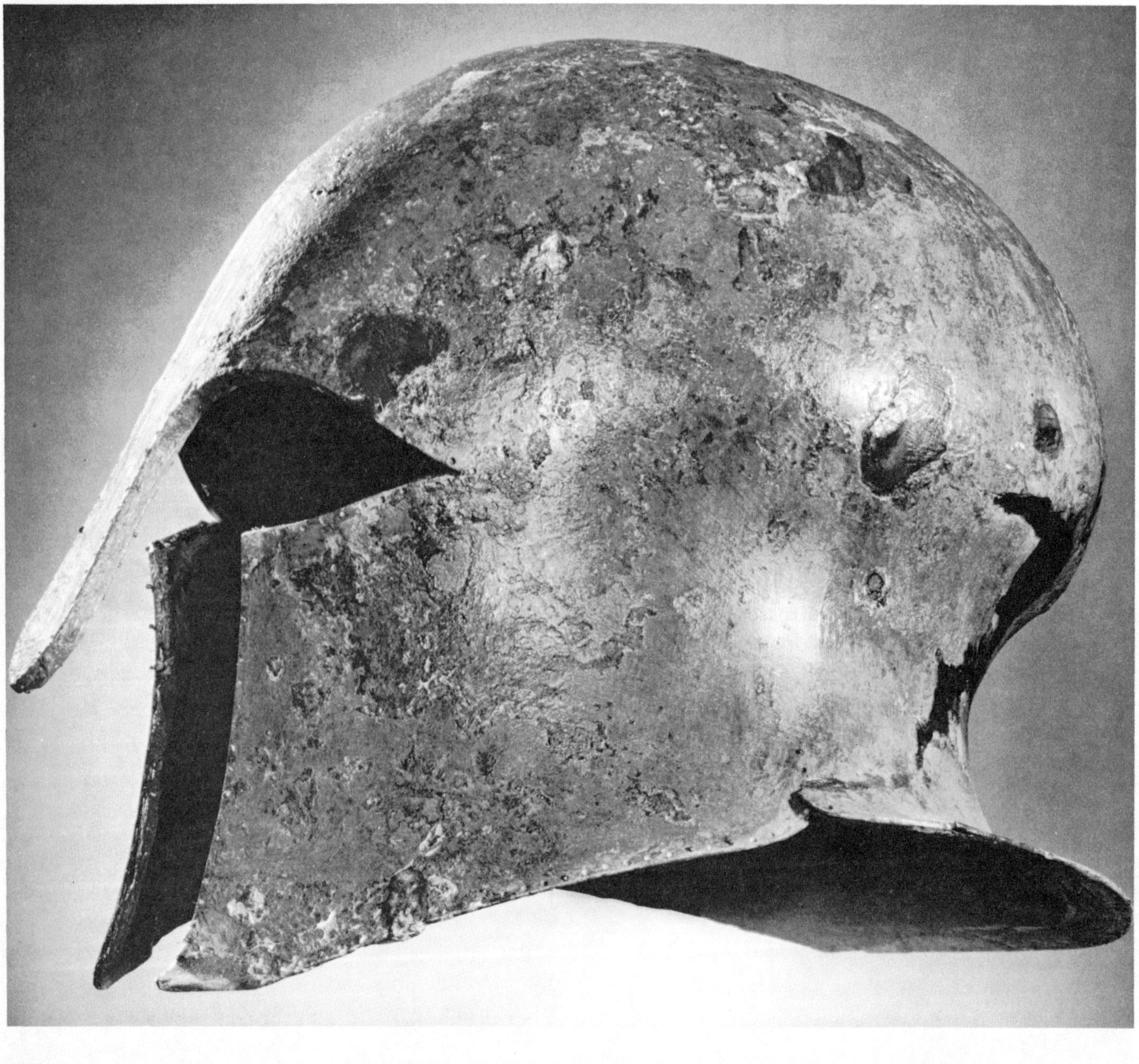

des Westgiebels entgegengestellt, in dem sich Apollon als Richter zwischen barbarischer Wildheit und griechischer Ordnung erweist.
Zwischen den Lapithen, menschlichen Riesen, unter ihrem König Peirithoos, der mit Deidameia Hochzeit feiern will, tobt der Kampf mit den Kentauren, wilden, trunkenen Gesellen, in deren Gestalt Reiter und Roß zu Pferdemenschen verwuchsen, da sie sich an den geladenen Knaben und Mädchen vergreifen wollten.
Apollon, als Sohn des Zeus Schützer und Wahrer göttlicher Ordnung, steht in der Mitte. Ruhig und

oben links: Die Stufen des Zeustempels von Olympia
oben rechts: Reste der Cella des Zeustempels von Olympia
unten: Die durch ein Erdbeben umgestürzten Säulen des Zeustempels von Olympia

schirmend die Rechte nach der bedrohten Braut ausstreckend, verleiht er griechischer Zucht den Sieg über barbarische Kraft.

Über den inneren sechs Säulenstellungen an den Schmalseiten des Tempels waren die zwölf Taten des Herakles dargestellt, die er im Dienste des Königs Eurysteus vollbrachte. Ermattet steht da der junge Held über dem »unverwundbaren« Löwen von Nemea, den er in seinen Armen erwürgte.

Athena, die Tochter des Zeus, zeigt Herakles die erlegten stymphalischen Vögel, die mit ihren ehernen Krallen und Schnäbeln und den Federn, die sie wie Pfeile verschossen, Arkadien in Angst und Schrecken versetzt hatten. Den kretischen Stier, den Poseidon aus dem Meer steigen ließ und gleichzeitig König Midas befahl, ihn zu opfern, was dieser nicht tat, diesen rasend gewordenen Stier fing Herakles lebendig.

Als Herakles, dem die Aufgabe gestellt war, die goldenen Äpfel der Hesperiden zu holen, diese nicht fand, trug er die Himmelskuppel für den Riesen Atlas, da dieser sie ihm zu bringen versprach. Die Göttin Athena stand dem Helden bei. Als Atlas die goldenen Äpfel brachte, beugte Herakles den Riesen mit List wieder unter seine Last.

Kerberos, den dreiköpfigen Höllenhund, aus der Unterwelt vor Eurysteus zu schleppen, war Herakles' schwierigste Arbeit. Die Zwölfzahl seiner Taten vollendend, brach Herakles mit gewaltigem Stoß die Öffnung in den Felsen, um die Flüsse Alpheios und Peneios durch Augias', des Königs von Elis, Ställe zu leiten und sie vom Miste der riesigen Herden zu reinigen. Als Augias dem Helden den Lohn weigerte, überzog Herakles, geschützt von Athena, Elis mit Krieg, wurde König des Landes und stiftete dem wolkenthronenden Zeus zu Ehren die Olympischen Spiele und gründete den heiligen Hain. Auf der Dachmitte über den Giebeln standen vergoldete Niken, von Paionios Hand gefertigt.

Wie der durch zwei schwere Erdbeben in den Jahren 523 und 551 n. Chr. zerstörte Zeustempel ausgesehen und gewirkt haben könnte, läßt sich beim Anblick des Apollontempels erahnen, der in Bassä in der Nähe Olympias liegt. Noch steht eine Wand der Cella, die das Kultbild umschloß. Noch stehen die Säulen, die das Heiligtum umschirmten. Noch liegt auf den Kapitellen das steinerne Gebälk, das Dach und Giebel trug. Und wir spüren, wie sich Größe und Schönheit des Baues mit der Stille der Natur zur Einheit verwebt.

Über drei Stufen führte in Olympia der Weg durch eine weite Vorhalle zum Vorraum des inneren Tempelhauses. Die Cella, das eigentliche Tempelhaus, die Wohnung des Gottes, die das berühmteste Kunstwerk des Altertums barg, können wir an den Resten noch gut erkennen. Der gesamte längliche Innenraum war von beiden Seiten mit Säulengängen in zwei Stockwerken eingefaßt, die es dem Besucher ermöglichten, das zwölf Meter hohe Kultbild des Zeus aus Gold und Elfenbein, das sich in dem anschließenden Raume befand, genau zu betrachten.

Dieses Weltwunder soll nach der Aufhebung des Heiligtums in der Spätantike etwa 394 n. Chr. nach Konstantinopel gebracht und dort vernichtet worden sein.

Dennoch können wir uns nach der Beschreibung des Geographen Pausanias, der zur Zeit des Kaisers Hadrian lebte, eine ziemlich genaue Vorstellung vom Zeusbild des Phidias machen, die den Barockbaumeister Fischer von Erlach und andere anregte, Rekonstruktionen zu schaffen.

Der Gott saß auf einem Thron aus Zedernholz, der auf einem mächtigen Postament stand, das die von Helios und Selene eingefaßte Reihe der olympischen Gottheiten schmückte, gleichsam das Abbild des Olympos darstellend. Der Thronsessel selbst war mit Ebenholz, Elfenbein, Gold und Edelsteinen ausgelegt und verziert. Seine Füße waren von tanzenden

oben: Querschnitt (Rekonstruktion) durch den Zeustempel von Olympia in Höhe der Cella, mit dem Kultbild des Zeus (1864 veröffentlicht)
unten: Maßstabgerechter Längsschnitt (Rekonstruktion) durch den Zeustempel von Olympia (1864 veröffentlicht)

Siegesgöttinnen umgeben. Chariten und Horen umschwebten die Spitzen der Rücklehne zu Häupten ihres Vaters Zeus. Der Schemel, auf den sich seine Füße stützten, wurde von zwei goldenen Löwen getragen. Das Antlitz, die Brust und der entblößte Teil des Körpers wie auch die Füße waren aus Elfenbein gebildet. Die Augen waren wahrscheinlich aus leuchtenden Edelsteinen geformt. Die Locken des Haupt- und Barthaares waren aus reinem Gold; ebenso die Statue der schwebenden Nike, den Ölzweig in der Hand, die der Gott auf der ausgestreckten Rechten trug. Das Zepter, das er in der Linken hielt, Symbol der von ihm beherrschten Erde, das in allen Farben erglänzte, bestand aus einer Legierung verschiedener edler Metalle. Auf dem Zepter saß der ruhende Adler. Das Gewand, das den Unterkörper umhüllte,

war ebenfalls aus Gold und mit Blumen bedeckt, die aus einer Art Glasschmelzfluß geformt waren.
In der Werkstatt des Phidias in Olympia fand man zahlreiche Gußformen sowohl für den Goldmantel wie auch für seinen Schmuck. Ja sogar Bruchstücke des verwandten Schmelzflußmaterials, Elfenbeinschnitzel, Werkzeuge, ein Tonkännchen mit der Besitzer-Inschrift des Phidias und die Scherbe eines Kruges mit der Darstellung der Beschwörung dämonischer Kräfte durch den »Meister« und seinen »Gehilfen« wurden gefunden.
Die wiederentdeckte Phidias-Werkstatt entspricht in ihren Ausmaßen, in ihrer Richtung und damit ihren Lichtverhältnissen genau der Cella des Zeustempels. Die Statue des Zeus, die Phidias dort in achtjähriger Arbeit schuf, konnte also in voller Größe aus der

oben: Modell vom Westgiebel des Zeustempels von Olympia, Olympia, Museum
untere Reihe: Originalfiguren aus diesem Giebel
links: Kopf einer liegenden Figur
Mitte links: Kentaur und Lapith
Mitte rechts: Figur einer Lapithin
rechts: Figur einer Lapithin

Figur des Apollon, der von der Mitte aus die dargestellten Vorgänge des Westgiebels des Zeustempels beherrscht, Olympia, Museum

Werkstatt herausgebracht und in dem ihr gegenüberliegenden Kultraum des Zeustempels aufgestellt werden.

Phidias, der Schöpfer des olympischen Zeus, der sich auf dem Schild der Athena des Parthenon – wir besitzen eine Kopie aus römischer Zeit – als alter Mann, der einen Stein aufhebt, porträtiert haben soll, war aufs innigste mit dem großen athenischen Staatsmann Perikles befreundet.

Sein frühes Werk, ein Apollon, nackt und ruhig stehend, mit schmalen Wangen und vollen Lippen, die Strenge bewußt zum Erhabenen steigernd, ist die mächtigste Darstellung des Göttlichen, die wir von der antiken Kunst aus eigener Anschauung kennen.

Im Kopf des Dichters Anakreon – er ist uns in einer Kopie erhalten – hat Phidias schon jenen klassischen Typus geformt, der im olympischen Zeus dann seine höchste Ausprägung erfuhr. Eng verwandt ist ihm der widdergehörnte Zeus, in dem die Hoheit das Monströse verdrängt.

Die große elische Denkmünze aus der Zeit des Kaisers Hadrian läßt uns ahnen, was Phidias in der Gestalt und im Antlitz des Zeus von Olympia ausgedrückt hatte, was es war, das den Griechen ihren höchsten Gott leibhaft lebendig machte, und was sie wie ein magisches Heilmittel gegen alle Betrübnis dieser Welt genossen.

So schildert es uns Dion von Prusa: »Die Kraft und die Hoheit des königlichen Weltenherrschers, die freundliche Milde des Vaters und Fürsorgers, die strenge Würde des Schirmers der Polis und der Gesetze, die gütige Menschenfreundlichkeit des Beschützers der Fremden und Verbannten, der Freunde und der Schutzflehenden und die Sicherheit und hohe Gesinnung des Mehrers des Besitzes und der Fruchtbarkeit.«

Die griechischen Stadtstaaten stellten auch ihre Schätze unter die Obhut des Zeus. An der Nordgrenze der Altis, dem Zeustempel zugewandt, standen auf einer Terrasse zwölf Thesauroi, Schatzhäuser, die noch in ihren Fundamenten und Sockelschichten erhalten sind. Die Schätze selbst sind verschwunden. Einen eigenen Platz erhielt das Schatzhaus der Mazedonen, das Philippeion, ein Rundbau mit achtzehn Säulen, der die kostbaren Goldelfenbeinstatuen Alexanders des Großen und seiner Ahnen umschloß. Aber der Tempel und der Zeus von Olympia gehörten dem ganzen Volke der Griechen.

Alle vier Jahre, zwischen den Monaten August und September, versammelten sich um Zeus die Hellenen des Festlandes, der Ionischen Inseln und der griechischen Pflanzstädte an den Küsten Asiens und Afrikas, Italiens, Siziliens und Galliens. Die Palästra, die Ringschule, im nördlichen Teil der Altis-Westseite gelegen, diente den Ring- und Faustkämpfern zum Training. Das Gymnasion, mit der Palästra verbunden, war den Läufern und den Speer- und Diskoswerfern vorbehalten. Außerdem befanden sich hier die Unterkünfte, in denen die Athleten während der Spiele wohnten.

Am ersten Tage der Wettkämpfe legten die Athleten vor dem schwurhütenden Zeus den Eid ab, daß sie sich im heiligen Wettkampf keine Unredlichkeit und keinen Frevel zuschulden kommen lassen wollten. Am zweiten Tage begannen mit dem Gebet zu Zeus und der Ziehung der Lose die Wettkämpfe selbst, die vier Tage dauerten.

Durch den verdeckten Gang der Westseite betraten die Kämpfergruppen, von den purpurgewandeten Kampfrichtern – den Hellanodiken – geführt, das Stadion, dessen Länge von der noch vorhandenen Ablaufrinne aus sechshundert olympische Fuß oder 191,27 Meter mißt. Wenn die Kampfrichter Platz genommen hatten, leitete der Herold die Spiele mit der heiligen Formel ein: »Jetzt herrscht Agon, der Gebieter der herrlichen Wettkämpfe, und Kairos, der Gott des günstigen Augenblicks, ruft, nicht mehr zu zögern. Geht und stellt euch dem Gegner zur Entscheidung. Für des Sieges Endziel aber wird Zeus sorgen.« Im Wettlauf, im Sprung, im Ringkampf und Faustkampf, im Wurf des Diskos und des Speeres mußte sich jeder Kämpfer durch die Schwungkraft der Glieder und die Entschlossenheit des Charakters bewähren.

Apollontempel von Bassä, 1130 Meter hoch gelegen, um 400 v. Chr. vollendet

Die Palästra in Olympia

Der dritte Tag war den Pferderennen, dem Wettkampf der Viergespanne, geweiht, die im Hippodromos, der Rennbahn, stattfanden, die gleich dem Stadion sechshundert olympische Fuß maß, die die Rosse zwölfmal wendend durchlaufen mußten.

Wenn die Kühle des letzten Abends herniedersank, bewegten sich die Sieger aus dem Hippodrom und den Stadien durch das Eingangstor zum Tempel des Zeus. Zu den Füßen des höchsten Gottes schmückten die Hellanodiken die Häupter der Sieger mit den frisch geschnittenen Kränzen des Ölbaums. Und die Sieger brachten Zeus ihr Dankopfer dar. Die Bildhauer verliehen ihnen Ewigkeit, und die Sänger, wie Pindar, verkündeten der Welt ihren Ruhm in unsterblichen Versen.

Aber die Kraft der Menschen und Völker ist nicht unsterblich. Der Keim des Todes ist in sie gesenkt, lange bevor sie es spüren. Vergänglich ist der Ruhm der Welt, Tempel und Säulen stürzen, Reiche und Städte vergehen. Eitelkeit, Geld und Macht wurden allmählich der Menschen Gestirne.

Was einst Liebe zum Vaterland war, wurde zur politischen Intrige. Die kindliche Liebe der Menschen zu den Göttern wurde in kalte Berechnung umgemünzt. An die Stelle kühner Abenteurer und löwenherziger Helden traten kaltherzige Händler, die sich Ruhm und Glanz erkauften. Und die Götter verhüllten ihr Haupt.

Als Phidias für den Parthenon zu Athen, auf dessen Architektur er Einfluß genommen und dessen Friese er geschaffen hatte, das Kultbild der Athena formte, wurde er angeklagt, Gold, das er dafür erhalten hatte, unterschlagen zu haben. Die Klasse, die außer Geldverdienen keine Interessen hatte, obsiegte. Es besteht wohl kaum Zweifel darüber, daß Phidias im Gefängnis zu Athen gestorben ist. Perikles, der Lenker des athenischen Staates, des Phidias Gönner, wurde – ebenfalls der Unterschlagung von Staatsgeldern angeklagt – gestürzt. Aspasia, seine schöne und kunstverständige Geliebte, wurde wie Perikles von Fieber und Pest hinweggerafft.

Der weise Sokrates, beider Freund, mußte dreißig Jahre später, der »Gottlosigkeit und Jugendverführung« angeklagt, den Giftbecher trinken.

Als der junge Alexander auf den Plan trat, schien sich die Waagschale der Menschen noch einmal zu heben. Aber sein Leben war zu kurz.

Es kam eine Zeit, da römische Feldherren Olympia plünderten, um zu Geld und Macht zu gelangen, Nero Olympia als Bühne für seine eitlen Gaukeleien mißbrauchte und Kaiser und Millionäre Bauten und Bäder errichten ließen, die nur ihrem Luxus dienten. Die römischen Kaiser aus Byzanz trugen die Tempel Olympias ab, um aus ihren Steinen Verteidigungsmauern gegen die Barbaren zu errichten. Und im Jahre 393 n. Chr. wurden die als heidnisch erklärten Spiele von Olympia verboten. Der Zeus des Phidias, das hehrste Götterbild der Griechen durch Jahrhunderte, wurde nach Byzanz verschleppt. Und im Jahre 426 n. Chr. wurde der Tempel des Zeus, einem kaiserlichen Dekret folgend, in Brand gesteckt.

Was von der Zerstörung durch Menschen noch übriggeblieben war, warfen die Erdbeben im Verlaufe des 6. Jahrhunderts n. Chr. zu Boden.

Aber solange Menschen leben, wird der Glanz des Zeus von Olympia, seine Wahrheit und Schönheit, unvergänglich sein. Und unvergänglich bleiben die Verse des Aischylos: »Aller Weisheit Ende ist, andachtsvoll zu preisen des Zeus' Triumph. Er wies den Weg zur Weisheit, uns zwingt die ew'ge Satzung durch Leiden lernen ... Auch wider Willen kommt der Mensch zur Einsicht, Gott lenkt das Weltenregiment gewaltsam. Doch Gott ist gütig.«

Kopf des Zeus aus einer Tonplastik (bemalt), die den Raub des Ganymed darstellt, um 470 v. Chr., Fundort Olympia, Olympia, Museum

Der Schild der Athena vom Parthenon in Athen (Original zerstört, römische Kopie), Phidias soll sich darauf selbst porträtiert haben, London, Britisches Museum

Seite 118: Statue der ephesischen Artemis, Kopie des ursprünglichen Kultbildes aus römischer Zeit, gefunden in Ephesos, Ephesos, Museum

Das im Jahre 1869 wiederaufgefundene Artemision in seinem heutigen Zustand

DAS ARTEMISION VON EPHESOS

»Artemis sing ich, mit goldenen Pfeilen, die lärmende, wilde, reine Jungfrau, die bogenerfreute, den Schrecken der Hirsche, die, auf schattigen Höhn und windigen Felsgebirgen froh der Jagd ergeben, gespannt den goldenen Bogen, schmerzliche Pfeile entsendet. Doch die dann entspannt die Krümmung des Bogens und enteilt, um die Chariten und Musen zu prächtigen Tänzen zu leiten. Geschmückt den

Artemistempel aus hellenistischer Zeit in Sardes, der ehemaligen lydischen Stadt des Königs Kroisos

Leib mit goldnem Geschmeide, führt sie den Chor.«

Der so von Homer besungenen Göttin wurden von Griechenland bis Westkleinasien viele Kultstätten und Tempel errichtet, und sie wurde verehrt von Griechen, Asiaten und Römern. In Ephesos, der Stadt an der Westküste Kleinasiens, stand ihr herrlichster und größter Tempel, das Artemision, das mit dem Kultbild der Göttin seit dem Altertum zu den Sieben Weltwundern zählte.

Von den Akropolen des hellenischen Festlandes ging

Die Akropolis von Athen, mit herrlichen Bauten und Weihegaben an die Stadtgöttin Athena geschmückt, 480 v. Chr. von den Persern verwüstet, später – vor allem unter Perikles – neu aufgebaut und bereichert

der Blick der Griechen auf das tiefblaue, vom Sonnenlicht überflutete Ägäische Meer, über die zaubrische Inselwelt der Ägäis bis hin zur Westküste des geheimnisvollen, reichen Kleinasiens und verlockte sie früh zu Abenteuer und Fahrt.

Schon ein- oder zweitausend Jahre v. Chr. fuhren die Kühnsten unter ihnen zu den Ägäischen Inseln, bestellten die Erde und züchteten Vieh, wie sie es in

oben: Herakles mit zwei Kriegern, Reliefbruchstück aus dem Fries des Artemistempels von Magnesia am Maiandros, Istanbul, Museum
unten: Kroisos-Inschrift vom archaischen Tempel der Artemis in Ephesos, zu dessen Bau der sagenhaft reiche König Kroisos von Lydien wesentlich beigetragen hat, London, Britisches Museum

ihrer Heimat gewohnt waren, und verpflanzten hellenische Religion und Kultur in ihre neue Welt. Sie drangen weiter bis nach Kleinasien vor, wo sie sich in den fruchtbaren Tälern und an den Mündungen der Hauptflüsse, wie des Granikos, des Kaystros und Maiandros, festsetzten.

unten: Elfenbeinminiatur eines Löwen, Weihegabe aus dem Artemistempel von Ephesos, Istanbul, Museum

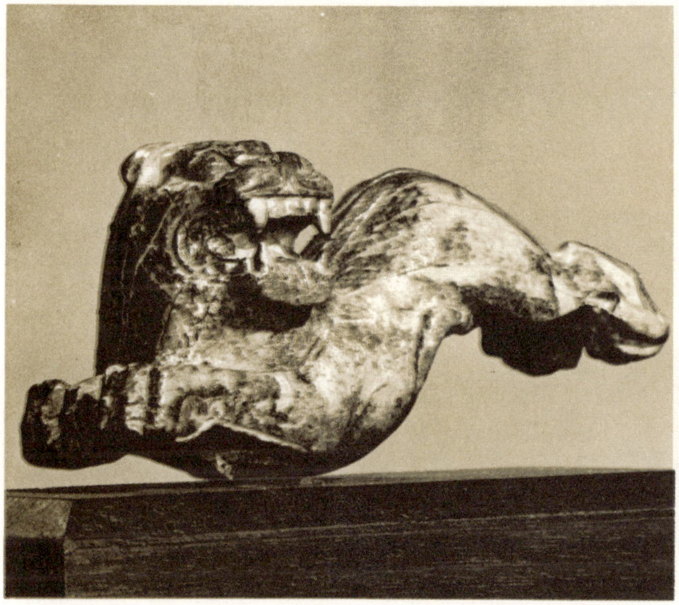

Im Inneren des Landes, wie in Gordion, stießen sie auf befestigte Städte mit Palästen von Königen und Tempeln der großen Muttergottheiten Asiens, die sie in ihr eigenes Denken und Leben einbezogen und einschmolzen.

Eine dieser Festungen, Sardes, die alte und reiche Stadt, die Residenz der Könige von Lydien in der Mitte von Westkleinasien, am nördlichen Abhang

rechts: Elfenbeinminiatur einer Göttin, Weihegabe aus dem Artemistempel von Ephesos, Istanbul, Museum

des Timolos und an den Ufern des goldführenden Paktolos gelegen, widerstand den erobernden Einwanderern aus Hellas. Sardes war Heimat und Sitz der Göttin Mâ, auch Kybele genannt, der Großen Mutter Asiens, Nährerin aller Geschöpfe, Herrin über Berge und Wälder, Zeugende und Empfangende in einem.

oben: Salutarius-Inschrift, die über die Stiftung von Gold- und Silberstatuen an das Artemision berichtet, sie wurde im Theater von Ephesos gefunden und ermöglichte die Auffindung des Standortes des Artemistempels, London, Britisches Museum
unten links: Darstellung des Artemision auf der Rückseite einer Münzprägung aus der Zeit Kaiser Hadrians (117–138 n. Chr.), London, Britisches Museum
unten rechts: Darstellung der ephesischen Artemis auf der Rückseite einer Münzprägung aus der Zeit Kaiser Hadrians (117–138 n. Chr.), London, Britisches Museum

Sie machte Frauen zu Männern – Amazonen genannt –, die Städte gründeten und Kriege führten, bewaffnet mit Streitaxt und Speer, mit Schild, Bogen und Köcher. In ihrem Dienste war selbst der gewaltige, löwenherzige Herakles zum Weibe geworden. Sardes, in dessen Burg König Kroisos von Lydien aus der Dynastie der Mermnaden die Schätze der Welt sammelte, warf sich in der zweiten Hälfte des 6. Jahrhunderts v. Chr. zum Herrn über die griechischen Pflanzstädte Kleinasiens auf. Kroisos zog auch gegen Ephesos, die griechische Hafenstadt, an der Ostküste der tiefblauen Ägäis und an der Mündung des fischreichen Flusses Kaystros gelegen, dessen fruchtbares Tal, die Asia prata, ganz Asien den Namen gegeben hat.

Artemis, die Hochaufragende, ein Wunder den Augen, die nachtschwärmende Göttin, die, Fackelbrände in Händen, die Berge lärmend und wild durchstürmte, begleitet von einer Koppel herrlicher Hunde und einem Schwarm lieblicher Nymphen, die pfeilbeseligte, reine Jungfrau, wurde zur Göttin und zur Schutzherrin von Ephesos. Ein Heiligtum ihr zur Seite hatte Apollon, der Pfeilgewaltige, der der Bogensehne ordnende Musik entlockt, unsterblicher Gott der Maße und Zahlen, dessen Klarheit die Tiefe durchdrang. Apollon und Artemis waren Zwillingskinder des Zeus und der goldgelockten Titanin Leto, in dem heiligen Hain Ortyga bei Ephesos geboren.

Als Kroisos, der König von Lydien, Ephesos nach kurzem Kampfe seinem Reiche einverleibte, verbeugte er sich tief vor dem Heiligtum der Artemis, das – etwa seit dem Jahre 550 – nach den Plänen und unter der Leitung des Architekten Chersiphron aus Knossos und seines Sohnes Metagenes anstelle eines archaischen Tempels im Neubau begriffen war. Was der Geschichtsschreiber und Weltreisende Herodot aus Halikarnass in seinen Geschichten erzählt, bestätigt uns die Weihinschrift auf einer Säule, daß nämlich König Kroisos die Mehrzahl der skulptierten Säulen des Heiligtums gestiftet hat. Zahlreiche Weihegeschenke für Tempel und Göttin, darunter auch solche des Königs, sind uns noch heute erhalten.

Der Tempel der Artemis stand am Meer, am Rande einer tiefen Bucht, die im Verlaufe von 2500 Jahren mehr und mehr verlandete. Einst fuhren von hier die Schiffe aus, und über dem riesigen Dach des Tempels kreuzten Möwen. Heute ist der Heilige Bezirk des Artemision ein Sumpfgebiet. Das Heiligtum ist verfallen, versunken, verschwunden.

Erst seit 1863 kennen wir wieder den Standpunkt des Artemision, nachdem der englische Ingenieur Wood auf seiner Suche durch eine Inschrift des Caius Vibius Salutarius über die Stiftung von einunddreißig Gold- und Silberstatuen für das Artemision, gefunden im Theater von Ephesos, endlich an den richtigen Ort gewiesen wurde. In siebenjähriger Arbeit förderte er die erstaunlichsten Bruchstücke zutage, vor allem die mit Reliefs bedeckten Säulentrommeln, die »columnae caelatae«, die skulptierten Säulen.

Auf ihnen waren die Geschichten der Götter und Helden eingemeißelt. Wir sehen die Rückkehr der Persephone, Tochter der Göttin der Erdfruchtbarkeit, die von Hades in die Unterwelt entführt worden war. Hermes, der Götterbote, begleitet sie. Oder den für seinen Frevel an Apollon büßenden Herakles, der drei Jahre der Königin Omphale von Lydien in Weiberkleidern dienen mußte, während sie sein Löwenfell und seine Keule trug. Oder Theseus, den Helden, der Sinus, den Riesen und Wegelagerer, überwand. Dieser fesselte seine Opfer zwischen zwei zusammengebundenen Fichten, die er dann auseinanderschnellen ließ.

Wir sehen Siegesgötter, die Stier und Schaf zum Opferfest führen, Musen, die von Zeus geschaffenen Mädchen, die die Helden in Gesängen verherrlichen und die Menschen die Künste des Wortes und der Töne lehren. Selbst diese Bruchstücke von Männern rechts: »Todesengel«, Ausschnitt aus einer skulptierten Säule des hellenistischen Artemision, London, Britisches Museum

unten: Unterer Teil einer skulptierten Säule (Bruchstück) vom hellenistischen Artemision, Höhe 1,80 Meter, London, Britisches Museum

und Frauen und von mythischen Schicksalskämpfen lassen uns noch erkennen, in welcher Herrlichkeit und Tiefe das Ganze gestaltet gewesen sein muß.
Gestützt auf diese Funde und spätere Grabungen und Messungen und ergänzt durch Zitate, Maße und Zahlen in der antiken Überlieferung, wurde die Rekonstruktion des Weltwunders möglich.
Allein nach den antiken Angaben hatte Fischer von Erlach schon 1725 eine Darstellung des Artemision versucht. Die späteren Forschungen ergaben, daß er von der Wahrheit gar nicht so weit entfernt war. Zu unserem heutigen Wissen haben wesentlich die Münzen, die ein Jahrhundert nach der Zeitwende unter Kaiser Hadrian geprägt wurden und sowohl das Artemision wie auch die Göttin Artemis zeigen, beigetragen. Der inzwischen rekonstruierte Grund-

oben: Fragment eines Knabenkopfes, wahrscheinlich vom archaischen Artemistempel in Ephesos, London, Britisches Museum
unten: Fragment einer skulptierten Säule, Ausschnitt, London, Britisches Museum

riß vermittelt eine genaue Vorstellung von der Anlage.

Die Cella, die das Heiligtum, das Kultbild der Artemis barg, wurde von dem eigentlichen Tempel umgeben, der zweihundertzwanzig Fuß, gleich fünfundsechzig Meter in der Breite, und vierhundertfünfundzwanzig Fuß, gleich hundertfünfundzwanzig Meter in der Länge, maß. Die schon von Plinius angegebene Zahl von hundertsiebenundzwanzig Säulen ist deshalb möglich, weil an der Rückseite neun Säulen, an der dem Westen zugewandten Vorderseite jedoch nur acht Säulen angeordnet waren.

Von den hundertsiebenundzwanzig Säulen waren sechsunddreißig mit Bildwerken versehen, die sich

oben: Rekonstruierter Grundriß des Artemision von Ephesos
unten: Gesamtansicht des Artemision im heutigen Zustand

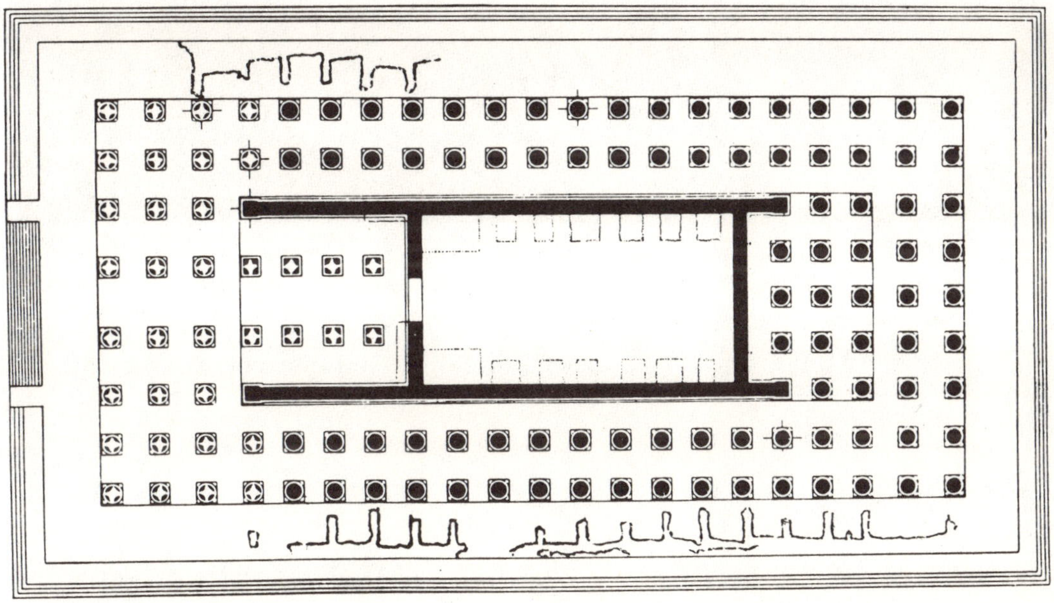

Erhaltenes Kapitell des Artemision, London, Britisches Museum

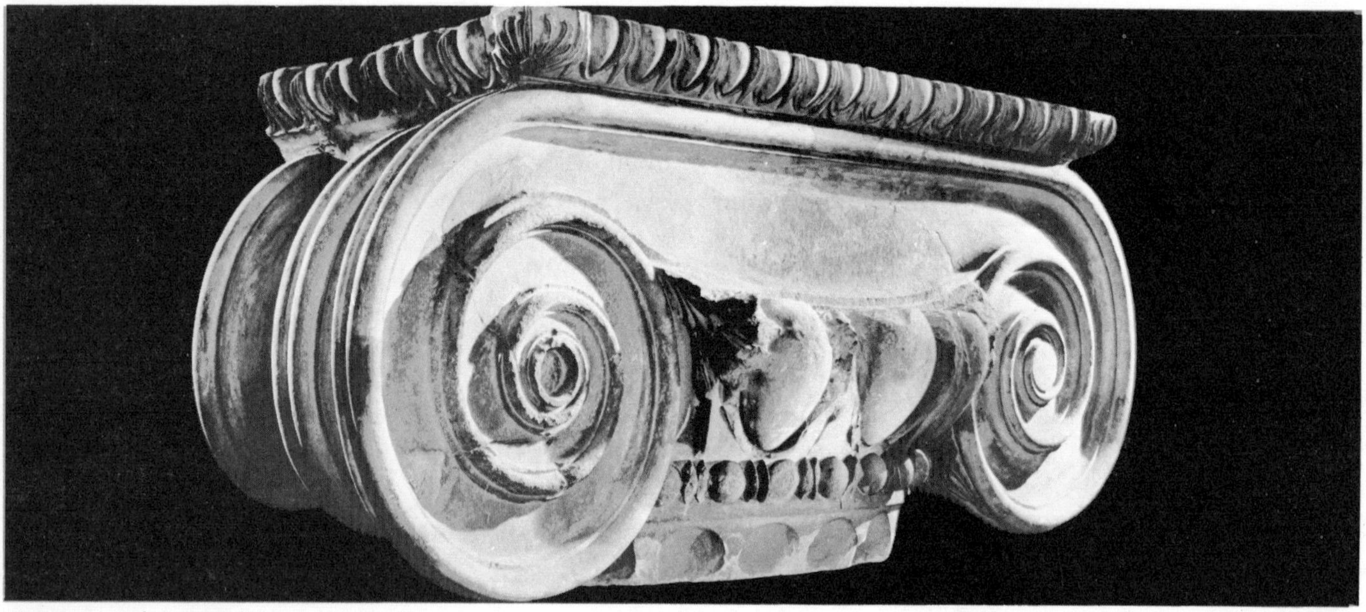

aller Wahrscheinlichkeit nach an der Eingangsseite des Tempels befunden haben. Die Säulen erhoben sich in einer Höhe von fast zwanzig Meter. Ihr unterer Durchmesser beträgt ein Zwölftel des Höhenmaßes.

Der Apollontempel von Didyma, südlich von Milet gelegen, dessen Baubeginn mit dem des Artemision zusammenfällt (an beiden haben zu verschiedenen Bauabschnitten die gleichen Baumeister gewirkt), vermittelt uns durch die noch vorhandenen Reste eine anschauliche Vorstellung von der Gestalt des Artemision in Ephesos.

Die ephesische Artemis blickte im Gegensatz zu allen griechischen Tempeln von Osten nach Westen,

Der Apollontempel von Didyma (Ostfront)

aus dem Sonnenaufgang nach dem Sonnenuntergang, von Asien nach Europa.
Sie war die Göttin des keuschen Tages und geheimnisvolle Herrscherin der Nacht, berauschte Jägerin und Mutter der hilflos schweifenden Tiere, Sinnbild des Kindlich-Einfachen und doch Unberechenbaren, voll süßer Lieblichkeit mit dem Zauber des Lächelns

Die Biene, das heilige Tier der Artemis

und dennoch wild, grausam und unerbittlich. Sie war aber auch die Göttin der freien, unverletzbaren Natur, die Inkarnation des männlich-erkennenden Geistes und des weiblich-geläuterten Gefühls. Den Opfernden stand sie streng frontal, aufrecht, fast steif, mit enggeschlossenen Füßen und Beinen gegenüber. Ihre Oberarme waren an den Oberkörper angelegt, die Unterarme nach vorne gestreckt. Über einem leichten, nur an den Füßen und Armen sichtbaren Untergewand, dem Chiton, trug sie einen leder-

rechts: Kultstatue der Artemis, sie trägt auf dem Kopf einen Aufsatz mit Tempeldarstellung, römische Zeit, Fundort Ephesos, Ephesos, Museum

artigen Panzer, den Ependytes, der Beine und Hüften umspannte. Er war mit Reliefs von Böcken, Löwen, Rindern, Greifen, Rehen und Bienen geschmückt. Vor dem Oberkörper trug die Göttin einen Behang, den man als Vielbrüstigkeit und Symbol der Großen Mutter deutete. Auf den Armen und Schultern der Göttin saßen Löwen und Fabeltiere.

Das ursprüngliche Kultbild von Ephesos aus Gold, Ebenholz, Silber und schwarzem Stein ist uns nicht erhalten. Die zahlreich erhaltenen Nachbildungen aus Stein – vor allem aus der römischen Kaiserzeit – zeigen aber, von Varianten abgesehen, den immer gleichen Typus der Großen Mutter. Auch die Bilder auf den Münzen lassen uns Tempel und Kultbild deutlich erkennen und beweisen uns die unzerstörte und unzerstörbare Überlieferung.

Während die Schar der jungen Männer und der schöngegürteten Mädchen durch das Koressostor auf der Prozessionsstraße betend, singend und tanzend nach dem eineinhalb Kilometer entfernten Heiligtum zog und die Göttin Artemis auf die Tänze der jungfräulichen Priesterinnen und die ihr dargebrachten Opfer herniederlächelte, rüstete im iranischen Hochland in seiner Residenz in Pasagarde der große Kyros sein Heer, Kyros, der König der Könige und Herr des Persischen Reiches.

Er schlug 546 v. Chr. das einbrechende Heer des Lyderkönigs Kroisos bei Pteria und ließ daraufhin seine Truppen unverzüglich nach Westen marschieren. Sardes wurde von den Persern im Sturme genommen, Kroisos gefangen und auf Befehl des Kyros zum Tode auf dem Scheiterhaufen verurteilt. Nach Herodots Bericht soll ihn allerdings ein gnädiges Schicksal vor den Flammen bewahrt haben.

Ephesos und alle griechischen Städte an der Westküste Kleinasiens kamen unter persische Herrschaft. Die Artemis der Ephesier blieb unberührt. Sie blickte weiter von Osten nach Westen, und sie blieb auch fürderhin die Mittlerin zwischen Asien und Europa.

Kyros, dessen Herrschaft von Ionien bis Babylon reichte, starb 529, im Kampfe tödlich verwundet. Seine Leiche wurde in einem monumentalen Grabbau in Pasagarde, der Residenz des neuen persischen Weltreiches, beigesetzt.

Könige kamen und gingen, zwei Jahrhunderte lang zogen Krieger von Osten nach Westen, Schlachten wurden geschlagen, Städte unterworfen und wieder befreit, Bündnisse geschlossen und wieder gelöst, Menschen wurden geboren und starben, Reiche stiegen auf und vergingen, aber es blieb das Volk der Griechen und seine Kultur. Und unvergänglich blieb die Göttin Artemis und ihr Tempel zu Ephesos, Asyl aller Verfolgten und Ausgestoßenen, es blieben ihr Dienst und ihre Feste.

Aber Ephesos war auch eine reiche und wollüstige Stadt. Frauen und Männer trugen Kleider in Veilchen-, Purpur- und Safranfarbe, Umwürfe im Hyazinthenblau der Ägypter oder aus persischen Geweben, deren scharlachfarbener Grund übersät war mit Körnchen aus reinem Gold. Man trank reichlich den süßen Wein und huldigte eifrig der Liebe.

In einer Nacht des Jahres 356 legte ein Mann in einem Wahnsinnsrausch die brennende Fackel an den Tempel und das Bildnis der Göttin Artemis. Die Göttin sank nieder, das Gebälk brach, und die Säulen stürzten. Um sich durch seine ungeheuerliche Tat unsterblich zu machen, nur aus diesem Grunde, hatte der Wahnsinnige das Feuer gelegt. Die Ephesier verboten bei Todesstrafe, je seinen Namen zu nennen. Trotzdem war sein Name nicht zu tilgen: Herostrat.

In jener grauenvollen Nacht wurde ein Mensch geboren, dem es bestimmt war, die Welt zu erschüttern: Alexander von Makedonien, den man schon zu seinen Lebzeiten den Großen nannte.

Zweiundzwanzig Jahre später zog der junge Alexander im Befreiungskampf der Griechen gegen die Perser an der Spitze von vierzigtausend Makedonen und Hellenen über den Hellespont an den Fluß Granikos in Kleinasien, wo ihn am jenseitigen Ufer vierzigtausend Mann des persischen Heeres, darunter zwanzigtausend griechische Söldner, in Schlachtordnung erwarteten. Gegen den Rat seiner Generale erzwang Alexander nach mutiger Gegenwehr der Perser den Flußübergang, besiegte sie und die tapfer kämpfenden Söldner völlig und entging dem Todesstreich eines Persers nur durch schützende Freundeshand.

Er marschierte nach dem stark besetzten Sardes, das er unterwarf, und rückte auch in Ephesos ein.

Es war sein Wunsch, den Neubau des Artemistempels zu fördern. Doch die Ephesier antworteten:

Büste Alexanders des Großen, gefunden in Alexandria, London, Britisches Museum

»Es ziemt einem Gotte nicht, einer Göttin das Heim zu bauen.« Alexander huldigte der Göttin mit einer großartigen Truppenparade und mit festlichen Wettkämpfen und befreite die Stadt von allen Abgaben und Steuern.

Einhundertzwanzig Jahre bauten die Ephesier an dem neuen Tempel der Artemis und schlossen den Neubau endlich nach der Mitte des dritten Jahrhunderts ab. Diesen Tempel haben schon die Zeitgenossen als eines der Wunder der Welt bezeichnet. Der Neubau hatte den Grundriß des früheren Tempels in allen Einzelheiten übernommen. Länge, Breite, Höhe glichen einander völlig. Wand steht über Wand, Säule über Säule, als wären sie aus einem Wurzelgrunde weitergewachsen. Selbst die Verteilung der skulptierten Säulen war die gleiche.

Nur wurde der neue Tempel jetzt auf ein Podest von dreizehn Stufen gestellt, so daß sein Niveau 2,68 Meter über dem älteren lag.

Und die Göttin blickte wieder von Osten nach Westen: Mittlerin zwischen Asien und Europa, Asylgeberin allen Ausgestoßenen und Verfolgten, die Große Mutter der Welt. Wieder marschierten Krieger, diesmal von Westen nach Osten, wieder wurden Schlachten geschlagen, Bündnisse geschlossen und verraten, Menschen wurden geboren und starben.

Griechenland sank hin, und Rom erstand, Cäsars Stern stieg auf und verblich. Die Erde wurde mit dem Blut der Menschen getränkt. Bis Octavian in der Seeschlacht bei Actium die Truppen des Marcus Antonius und der ihm verbündeten Kleopatra vernichtend schlug. Als Kaiser Augustus schenkte er der Welt des Mittelmeers für zwei Jahrhunderte den Frieden.

Aber über allen Wirren, über allem Bluten und Sterben stand groß und mächtig die Artemis Ephesia. Unter den römischen Kaisern, die kamen und gingen, wurde Ephesos prächtiger und schöner denn je.

Als der Apostel Paulus aus Tarsos nach Ephesos kam und im Theater die Lehre des am Kreuz gestorbenen Jesus verkündete und wider die Artemis der Ephesier predigte, kam es unter den Fünfundzwanzigtausend, die das weite Rund füllten, zum Aufruhr. »Groß ist die Artemis der Ephesier!« schrie und tobte die Menge. »Groß ist die Artemis der Ephesier!«

Paulus wurde gezwungen, noch vor Sonnenuntergang die Stadt zu verlassen. Im Jahre 263 n. Chr. wurde das Artemision von den Goten, die als Seeräuber das Ägäische Meer befuhren, barbarisch ausgeraubt und vernichtet.

Aber seltsam ist das Walten des Göttlichen: Wo die Große Mutter durch viele Jahrhunderte geherrscht hatte, zog die Mutter des Gottessohnes Jesus Christus ein.

Der Evangelist Johannes soll Maria, getreu dem Auftrag des Gekreuzigten, auf dem Bülbül-Dag, dem Nachtigallen- oder Koressos-Berg, die Wohnung bereitet haben.

So blieb das Bild der Großen Mutter, der Nährerin von Mensch und Tier, der Hüterin aller Geschöpfe auf Erden, der jungfräulichen Mutter. Und als ihre köstliche Herberge das Artemision von Ephesos, wenn uns davon auch nur Bruchstücke erhalten geblieben sind.

rechts: Statue der ephesischen Artemis im Vergleich zu einer festlich geschmückten Turkmenenfrau von heute

links: Miniaturen dreier Göttinnen aus Elfenbein aus verschiedener Zeit, Weihegaben aus dem Artemision von Ephesos, Istanbul, Museum

rechts: Kolossalstatue des Königs Maussolos, wahrscheinlich von dem griechischen Bildhauer Bryaxis geformt; die Trümmer der Statue, die wieder zusammengesetzt wurden, fand man an der Nordseite des Mausoleums in Halikarnass, London, Britisches Museum

Seite 138: Kopf eines Pferdes vom Wagengespann, das zusammen mit den Figuren des Maussolos und seiner Schwester das Dach des Mausoleums krönte, London, Britisches Museum

DAS MAUSOLEUM VON HALIKARNASS

Über Maussolos, den im vierten Jahr der hundertsechsten Olympiade – also 353 v. Chr. – verstorbenen Tyrannen von Karien, des an der Südwestküste Kleinasiens gelegenen Landes, und sein zu den Sieben Weltwundern zählendes Grabmal – Mausoleion oder Mausoleum genannt – berichtet in seiner »Naturalis Historia« der Römer Plinius Secundus Maior, 23. n. Chr. geboren, Reitergeneral in Germanien, Flottenkommandeur unter Kaiser Vespasian und enzyklopädischer Schriftsteller, der sein Wissen aus eigener Anschauung und aus zweitausend Büchern anderer geschöpft hat: »Das Mausoleion mißt süd-

oben: Kampf zweier Griechen mit einer Amazone, aus dem Fries des Mausoleums von Halikarnass, London, Britisches Museum
unten: Darstellung von Kämpfen zwischen Amazonen und Griechen aus dem Fries des Mausoleums, London, Britisches Museum

nördlich je sechsunddreißig Fuß, ist an den Fronten etwas kürzer und wird im ganzen Umfang mit vierhundertelf Fuß gemessen. Es erhebt sich zu einer Höhe von fünfundzwanzig Ellen und ist mit einem Umgang von sechsunddreißig Säulen umgeben, über dem sich eine vierundzwanzigstufige Pyramide erhebt, die ein Viergespann aus Marmor krönt.«

Karien, dieses felsige Land im südwestlichsten Teil von Kleinasien, südlich des Flusses Maiandros gelegen, mit einer reichgegliederten und tiefeingebuchteten Küste, im Rücken von mächtigen Gebirgen geschützt, war ein idealer Lebensraum für die kühnen, zur See fahrenden Barbaren, die Karer.

Teilstücke aus dem sogenannten Amazonenfries des Mausoleums in Halikarnass, London, Britisches Museum

Kopf einer Kolossalfigur des Königs Maussolos, gefunden beim Mausoleum in Halikarnass, London, Britisches Museum

Der Perser Dareios, König der Könige, den fremde List und eigener Mut im Jahre 522 v. Chr. auf den Thron gehoben hatten, zählte auch Karien zu den ihm tributpflichtigen Ländern.

Aber zweihundert Jahre später trug Maussolos, seit 377 v. Chr. Tyrann von Halikarnass und Herr über Karien, den Titel des Satrapen, eines persischen Provinzstatthalters, kaum noch im Ernst. Er tat, was ihm gutdünkte. Im Jahre 362 nahm er an der Revolte aller unterjochten Völker der Küstensatrapien, die im Bündnis mit Ägypten standen, gegen die Perser unter Artaxerxes II. teil. Ein Jahr später begleitete er den gleichen persischen König auf seiner Strafexpedition gegen die Ägypter. Er war also wahrhaftig ein ebenso freier wie skrupelloser Herr.

Dann führte er auf eigene Faust Krieg gegen Milet, die mächtige und schöne Stadt an der Mündung des Maiandros mit ihren vier Häfen. Und auch gegen das reiche und weit nach dem Westen gebietende Ephesos zog er zu Felde. Er unterwarf das freiheitsliebende Griechenvolk von Ionien, an der Küste zwischen Aiolien und Karien gelegen, und einen Teil des nördlich von Karien gelegenen Landes Lydien. Auch das an edlen Hölzern und Weinen reiche Lykien machte er sich tributpflichtig.

Er beherrschte alle seiner Küste anliegenden Inseln und verstand es, die klugen und mächtigen Bewohner der Inseln Rhodos, Kos und Chios im Bundesgenossenkrieg gegen die aiolischen Freibeuter (220–217 v. Chr.) zum Abfall von Athen aufzureizen. Er erschwindelte von den Lykiern eine Kopfsteuer, weil er ihnen vorlog, der persische König habe eine Order erlassen, nach der alle ihr Haupthaar für Perücken der persischen Damen und Herren opfern sollten, vor deren Durchführung er sie aber durch eine Geldbuße an die Perser, verbunden mit seinem mächtigen Einfluß, bewahren wolle.

Den Bewohnern der Stadt Mylasa, seiner ersten Residenz, entlockte er einen hohen Betrag gegen das Versprechen, die Stadt durch eine neue Mauer vor ihren Feinden zu schützen. Doch als ihn die Mylasier an den Schutzwall erinnerten, erklärte er ihnen, daß die Götter ihm die Errichtung der Mauer verboten hätten. Aber das Geld behielt er trotzdem.

Mit diesem Gelde erbaute er auf dem Abhang eines steilen Felsens am Keramischen Meerbusen seine neue Hauptstadt Halikarnass: Palast und Festung in einem. Dazu einen geheimen, durch die Insel Arkonnesos geschützten Kriegshafen, der es ihm erlaubte, seine Flotte zu mobilisieren, ohne daß ein feindliches Auge es bemerkte.

Verheiratet war er, wie es auch in Ägypten Brauch war, mit seiner Schwester Artemisia, die ihren Bruder und Gatten abgöttisch liebte und ihm an Mut und Verschlagenheit nicht nachstand.

Im Jahre 353 starb Maussolos nach einer vierundzwanzigjährigen Regierungszeit. Die Herrschaft über Karien übernahm bis zu ihrem Tode seine Schwester und Gattin Artemisia. Sie berief die berühmtesten griechischen Architekten, an der Spitze Pytheos, und die gestaltungsmächtigsten Bildhauer, voran den großen Skopas, nach Halikarnass, damit sie dem toten Tyrannen ein Grabmal errichten sollten, wie es die Welt bis dahin nicht kannte. Maussolos hatte noch zu seinen Lebzeiten an die Verherrlichung seiner selbst gedacht und Vorbereitungen dazu getroffen.

Zur gleichen Zeit lief die Flotte unter Artemisias Befehl nach Rhodos aus, und die Karer unterwarfen Volk, Stadt und Hafen mit List und Grausamkeit. Artemisia starb 351 v. Chr., ehe das Mausoleum fertiggestellt war. Doch wurde der Wunderbau – wie Plinius berichtet – von den beauftragten Meistern »aus Liebe« fortgesetzt und noch im gleichen Jahre vollendet.

Achtzehn Jahre später marschierte Alexander der Große in Karien ein, als »Befreier von persischer Herrschaft« von der Bevölkerung umjubelt. Burg und Stadt Halikarnass, die die Perser noch lange verteidigten, wurden nach dem endgültigen Sieg von Alexander bis auf den Grund zerstört. Kariens Geschichte war damit beendet.

Auf Karien fiel als römische Provinz noch ein letzter Glanz. Das Mausoleum blieb von allen Wirren völlig unberührt. Philon von Byzanz zitiert Schriftsteller aus dem 4. Jahrhundert n. Chr., deren Aussagen darauf schließen lassen, daß es wohlerhalten war. Und bis ins 12. Jahrhundert gibt es solche Zeugnisse.

Wann der Verfall des Mausoleums einsetzte, läßt sich nicht bestimmen. Es ist wahrscheinlich, daß ein Erdbeben zuerst den oberen Teil des Monuments zum Einsturz brachte. Der Franzose Claude Guichard berichtet 1581, daß die Ritter des Johanniterordens »eines der Sieben Weltwunder zerstörten, das alle Barbarenstürme überdauert hatte«. Die Ritter des

Rekonstruktion des Mausoleums von Halikarnass nach Professor Fritz Krischen (Zeichnung)

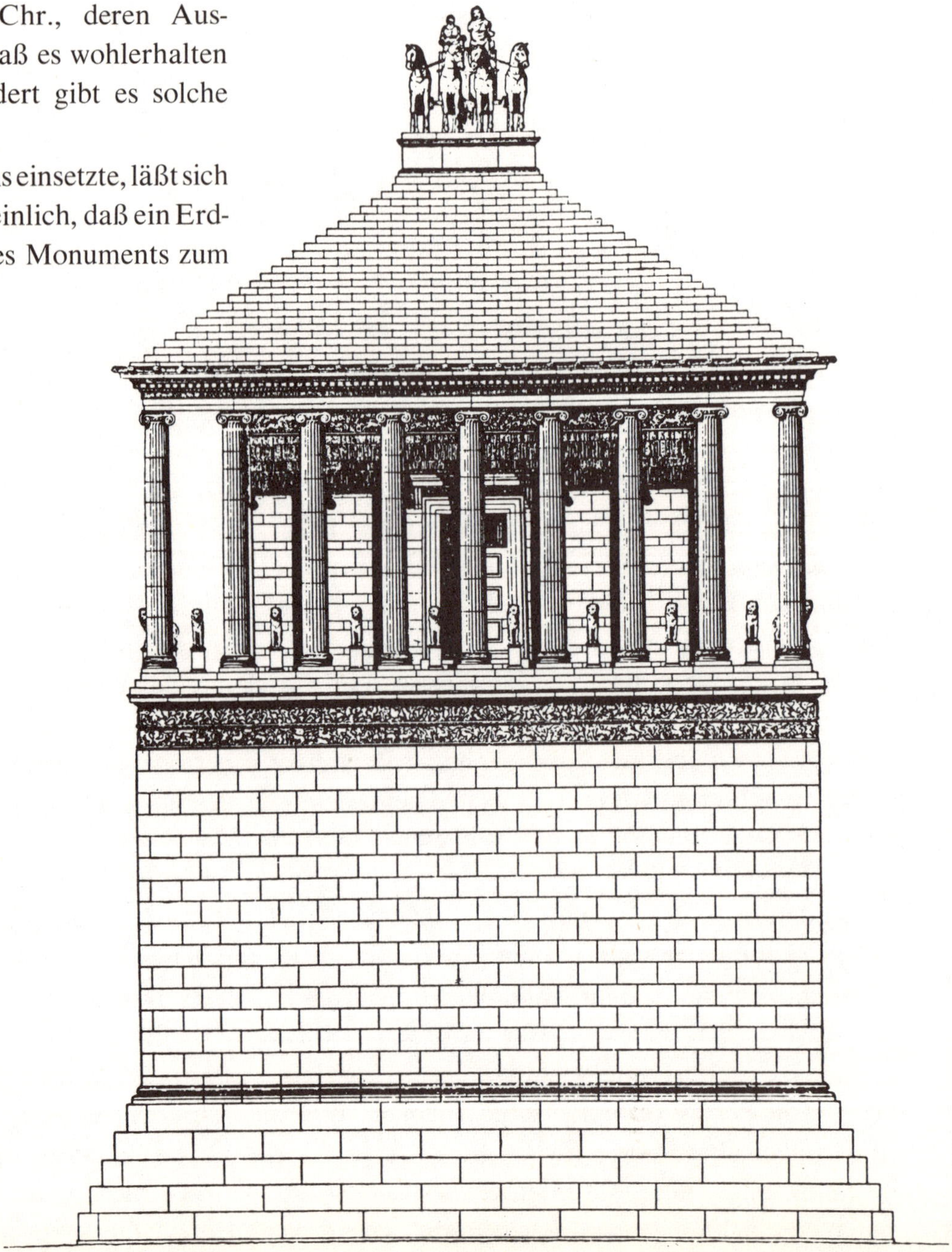

Johanniterordens, Verteidiger des Heiligen Landes und eifrige Kämpfer gegen die Türken, flüchteten vor ihren Gegnern nach Rhodos, um von hier aus mit einer mächtigen Flotte ihren Kampf gegen die Ungläubigen fortzusetzen. Im Jahre 1402 nahmen sie Halikarnass als Flottenstützpunkt in Besitz und errichteten das Kastell St. Peter an der Einfahrt zum Hafen. Zum Bau verwendeten sie alle umherliegenden Trümmer des Mausoleums. Sie bauten die Festungsanlage während hundert Jahren weiter planmäßig aus, indem sie das Weltwunder als Steinbruch benutzten. Sie rissen nieder, was niederzu-

oben: Das Kastell St. Peter über dem Hafen von Halikarnass, das die Johanniter aus den Steinen des Mausoleums 1402 errichteten
unten: Löwenskulptur vom Mausoleum, die in eine Mauer des Kastells St. Peter eingebaut wurde

links: Ausschnitt aus dem Amazonenfries des Mausoleums von Halikarnass, London, Britisches Museum

oben: Stück aus dem Amazonenfries des Mausoleums, Darstellung einer zu Pferde sitzenden Amazone im Kampf mit den Griechen, London, Britisches Museum
unten: Bruchstück aus dem Amazonenfries des Mausoleums, Neufund, Bodrum, im Hofe des Kastells St. Peter

reißen war, und schleppten weg, was sie wegschleppen konnten. Was an Kostbarkeiten versteckt war, raubten später noch die Korsaren.

Als Fischer von Erlach in seinem »Entwurf einer historischen Architektur« das Mausoleum darstellte, konnte er sich nur noch an die antike Überlieferung halten.

Das einzige, was die Ordensritter nicht zerstörten,

waren dreizehn Reliefplatten mit Darstellungen kämpfender Amazonen, die sie in die Mauern des Kastells einbauten. Ab Mitte des 17. Jahrhunderts fanden europäische Besucher daran Gefallen, ohne daß man damals wußte, woher diese Platten stammten. Schließlich setzte sich aber die Ansicht durch, daß diese Reliefs zum Außenfries des Mausoleums gehören mußten. Es erschienen Beschreibungen und grafische Aufzeichnungen davon. Gegen Mitte des 19. Jahrhunderts wurde in Europa der Wunsch, diese einmaligen Kunstwerke vor dem Verfall zu retten, so stark, daß der britische Gesandte in Konstantinopel, Stratford Canning, dem Sultan den Wunsch vortrug, er möge die Erlaubnis erteilen, daß die

Plastik eines stehenden Löwen vom Mausoleum, London, Britisches Museum

Seite 150/151: Gesamtansicht des Mausoleums von Belevi (15 Kilometer nordöstlich von Ephesos)

Reliefs aus dem Kastell entfernt werden könnten. Der Sultan entsprach diesem Wunsche und machte die Skulpturen dem Museum in London zum Geschenk, in dem sie noch heute als Kostbarkeiten der Welt gehütet werden.

Das Rätsel über Standort, Grundriß und Form des Mausoleums war damit allerdings noch nicht geklärt. Als der englische Forscher Sir Charles Newton 1853 eine erste Reise nach Halikarnass unternahm, begann eine neue Phase in der Erforschung dieses Weltwunders. Newton entdeckte an den Kastellmauern Löwenköpfe, deren Material und künstlerische Vollendung keinen Zweifel darüber ließen, daß sie vom Mausoleum stammten. Diese Funde veranlaßten die britische Regierung, eine Grabungsexpedition auszurüsten und nach Halikarnass zu entsenden.

Die genauen Angaben des römischen Baumeisters Vitruv, dem nicht nur Cäsar und Augustus große Aufträge erteilt hatten, sondern der auch ein bedeutender Autor war und über die Grundlagen und die Geschichte der Baukunst schrieb, ermöglichten die Auffindung der Plattform, auf der das Mausoleum stand: Zwischen Agora und Arestempel konnten die Forscher schließlich seinen Standpunkt fixieren.

Die Fundstücke setzten die Welt in Erstaunen. Vor allem die Figur des Maussolos selbst, die man aus dreiundsechzig Trümmern wieder zusammensetzen konnte, und die seiner Schwester, Löwen und Löwenköpfe, Säulenbasen und eine ganze Säule, Fragmente eines Pferdes, ein riesiges steinernes Wagenrad sowie verschiedene Männerköpfe.

Diese Skulpturen und Architekturstücke stammen wohl ausnahmslos vom oberen Aufbau des Mausoleums. Sie wurden durch ein Erdbeben heruntergeschleudert, verschwanden im Erdboden und waren deshalb den baulustigen Ordensrittern entgangen. Außerdem fand man noch eine Alabastervase, deren Inschrift auf persisch, babylonisch und ägyptisch den Namen des Xerxes, des Großkönigs von Persien, trägt. Aber immer noch war die Konstruktion des Wunderwerks der Meinung und Phantasie einzelner Forscher überlassen. Es erhob und erhebt sich vor allem die Frage: War das Mausoleum ohne Vorbild und Beispiel?

Halikarnass, an der Westküste Kleinasiens gelegen, war – seiner Lage und Geschichte nach – ein Schnittpunkt östlicher und westlicher Kultur. Hier berührten einander Kunst und Geschichte Mesopotamiens und Persiens mit der Athens und Griechenlands. Die Kriegszüge der Perser und die Herrschaft ihrer Könige und Satrapen konnten nicht ohne Einfluß bleiben.

Der Turm zu Babel, Heiligtum des Himmelsgottes, das auch später Grab des Bal-Belos hieß, in Stockwerken aufgebaut, sich allmählich verjüngend, wurde Anlaß und Vorbild für das Grabmal des Großkönigs Kyros II., des Persers, in Pasargade. Gleich einem Heiligtum steht es auf hohem Sockel: Tempel, Grab und Wohnhaus in einem: Der tote König ist zum Gott geworden. Der Turm des Ostens wurde in westliche Formen umgebildet.

Der Gedanke, daß Maussolos, ein kleiner Dynast im persischen Weltreich, der aber über genug Macht und Geld verfügte, dem Grabmal des großen Kyros nacheiferte und es zu übertreffen versuchte, ist wohl nicht abwegig. Maussolos formte das persische Königsgrab mit Hilfe der bedeutendsten Künstler seiner Zeit ins Klassisch-Griechische um, und es scheint, als habe er seinerseits Nachfolger gehabt, die sein Bauwerk nachahmten. Die Ruine des Grabmals bei dem heutigen Dorfe Belevi, fünfzehn Kilometer nordöstlich der Stadt Ephesos gelegen, ist ein höchst interessantes Demonstrationsbeispiel für das Mausoleum von Halikarnass. Aus einem zur Kaystrosebene abfallenden Berge wurde ein fünfzehn Meter hoher und fünfundzwanzig Meter an jeder Seite messender Würfel ausgeschnitten und mit schweren Marmorquadern verkleidet. Über drei

Stufen erhob sich eine quadratische Cella, in deren Außenwänden zahlreiche Reliefs eingelassen waren. Davon sind uns noch Teile erhalten, auf denen Kämpfe zwischen Menschen und Kentauren dargestellt sind. Die Cella war von schlanken korinthischen Säulen umschirmt. Über dieser Peristasis erhob sich die Dachpyramide, auf deren abschließendem Gesims an den Ecken geflügelte Löwen gege einander aufgestellt waren.

Die Grabkammer befindet sich an der Südseite d Untergeschosses. Sie wurde aus dem Felsen herau gearbeitet und mit Marmorquadern als Tonne gewölbe ausgewandet. Hier stand bis vor kurzem noch der Sarkophag gleich einem Ruhebett, auf dem die Figur des Verstorbenen liegt: ein *Herr*. Wir wissen nicht, wie er hieß, noch wer er war. Vielleicht ein Satrap des Königs der Könige, der fiel, als der junge Alexander die Westküste Kleinasiens entlangmarschierte?

Dieses lange unbekannt gebliebene Mausoleum von Belevi ist ein seltsam geheimnisvolles Spiegelbild des größeren von Halikarnass, so wie der aus der römischen Zeit stammende Grabtempel aus dem benachbarten Milas ein späteres und sicher schwäch-

links: Kentaurenkopf (Bruchstück) vom Mausoleum in Belevi, Izmir, Museum
rechts oben: Kopf eines Löwen (Bruchstück) vom Mausoleum in Belevi, Izmir, Museum
rechts unten: Gesamtansicht des Mausoleums aus römischer Zeit in Milas

liches, aber doch sehr aufschlußreiches Spiegelbild des Weltwunderbaues von Halikarnass darstellt. Das Mausoleum war der erste zweigeschossige Monumentalbau der griechischen Baukunst.
Wir können heute mit ziemlicher Sicherheit das Mausoleum, das sich in einer Gesamthöhe von fünfunddreißig Meter präsentierte, rekonstruieren.

Mausoleum von Milas, Ausschnitt

Das Fundament, in den Felsgrund eingebettet, stellte ein Rechteck von 32,94 Meter in der Breite und 38,75 Meter in der Länge dar. Darauf stand ein Grundbau mit sechs Stufen, über dem sich ein recht hoher Bauteil, der eigentliche Unterbau, erhob, der zwei übereinanderstehenden Friesen Raum gab, während ein dritter Fries die Cellawände nach oben abschloß. Auf dem Unterbau waren sechsunddreißig

links: Griechischer Krieger, Ausschnitt aus dem Amazonenfries des Mausoleums in Halikarnass, London, Britisches Museum

rechts: Alabastervase für kostbare Salben, die in Persisch, Babylonisch und Ägyptisch eine Inschrift mit dem Namen des Königs Xerxes von Persien trägt, wahrscheinlich ein Geschenk des Königs für Artemisia, um 480 v. Chr., gefunden in den Ruinen des Mausoleums von Halikarnass, London, Britisches Museum

Seite 156: Reste des Athenatempels von Priene, der wie das Mausoleum von Halikarnass von Pytheos erbaut worden ist

Seite 157: Geometrische Pferde vom Deckel einer geometrischen Rundpyxis, Höhe 13,5 Zentimeter, Mitte des 8. Jahrhunderts v. Chr., München, Glyptothek

Seite 158: Vortreppe und Säulenhalle der Akropolis von Lindos

ionische Säulen so angeordnet, daß auf den Schmalseiten je neun und auf den Längsseiten je elf Säulen standen. Sie umkränzten die Cella, die vermutlich von Löwen, die zwischen den Säulen standen, behütet wurde.

Auf den Säulen und den sie bekrönenden Architraven lag die vierundzwanzigstufige Dachpyramide mit den in regelmäßigen Abständen angebrachten löwenköpfigen Wasserspeiern. Die Dachpyramide war gegen die Spitze zu so abgeschnitten, daß die Plattform der bekrönenden Quadriga aus Marmor, den vier lebensgroßen Pferden, dem Wagen und den darin stehenden Figuren des Maussolos und der Artemisia, als Standplatz dienen konnte.

Der Aufbau war nach dem Gesetz des Goldenen Schnittes gegliedert, und die einzelnen Teile waren nach den gültigen Zahlen dieses Gesetzes ineinander verflochten. Dieselbe Anordnung der ionischen Säulen und des Gebälks hat man im Athenatempel in Priene gefunden, der ebenfalls von Pytheos erbaut worden ist.

Dies ist wohl der Sinn des Mausoleums von Halikarnass:

Über dem Widerstreit von Kosmos und Chaos, von Ordnung und Wirrnis, von Natur und Unnatur, dargestellt auf den umlaufenden Friesen, ist der Herr und Herrscher ohne Freitreppe oder Aufgang in Himmelsnähe beigesetzt.

Nicht mehr zurück kehrt der zu den Göttern Erhobene, der über Land und Meer Thronende.

Unerreichbar ist er, unerreichbar sein Ruhm, auch wenn sein Leib in Staub zerfallen ist.

DER KOLOSS VON RHODOS

Kopf des Sonnengottes Helios, vermutlich um 200 v. Chr., rhodische Skulptur, Rhodos, Museum

Rhodos, die Insel vor der Küste Kariens, war und blieb Helios, dem Gott des Lichtes, zu eigen, der alles sieht, was auf der Erde geschieht. Sein erzenes Abbild stand auf der Insel, und es war so gewaltig, daß es als »Koloß von Rhodos« unter die Sieben Weltwunder der Antike aufgenommen wurde.

Pindar, der Sänger aus Theben, berichtet uns in seiner Siebenten Olympischen Ode: »Und nun heißt es in den alten Mären vorzeiten: Als Zeus und die Unsterblichen sich in die Erde geteilt, habe keiner in der wogenden See Rhodos gesehen, denn die salzigen Tiefen hätten die Insel verborgen. Da er fern war, wies dem Helios keiner das gültige Los. So geschah's, daß ohne Teil an Eigenem blieb der lautere Gott. Er mahnte, und von neuem losen wollte Zeus. Doch Helios ließ es nicht zu. Denn drinnen im schäumenden Meer, säh'n seine Augen, so sagte er, eine Erde wachsen vom Grunde herauf, vielen Menschen gut zur Nahrung und wohltätig auch für die Herden. Und schwören ließ er sogleich die Schicksalsgöttin mit dem goldenen Reif, und Gewährung nickte Zeus, daß sein werde für die kommende Zeit die in den lichten Bereich gehobene Insel.«

Es wird uns berichtet, daß mit der Insel das Volk der Telchinen aus der Tiefe des Meeres aufgestiegen war, Metallarbeiter und Zauberer, die mit ihren magischen Künsten die Götter narrten, bis Apollon, der Ferntreffende, sie mit seinen Pfeilen tötete.

Darauf ergriff Helios von der Insel Besitz. Er, der Jüngling mit »strahlenden Augen und goldgelocktem Haar«, Bruder der Göttinnen und des Mondes und der Morgenröte, der am Morgen in einem Wagen, von vier feurigen Rossen gezogen, im fernen Osten über Kolchis aufsteigt, die Himmelskuppel in regelmäßiger Fahrt umkreist, abends im fernen Westen in den Okeanos untertaucht und nachts nach dem fernen Osten zurückfährt.

Mit Rhode, der scheuen Nymphe aus dem Geschlechte der Najaden, feierte er auf der Insel bei den

Seite 162/163: Blick von der Zisterne auf die Reste der Stadt Kameiros

Kopf der Athena (Terrakotta), Istanbul, Museum

murmelnden Quellen Vermählung. Und die Dryaden, die lieblichen Schwestern der Rhode, ließen mit ihrem süßen Gesang die Bäume des Haines erschauern. Rhode, die Nymphe, gebar ihrem göttlichen Gatten die Söhne Kameiros, Ialysos und Lindos. Die Gefilde des Vaters wurden gedrittelt, so daß nun jeder gesondert in jener Stadt wohnte, die seinen Namen trug:

oben: Straße durch Kameiros, die vom Meer zur Akropolis führt
unten: Halbkreisförmige Bank für die Rechtsprechenden auf der Agora von Kameiros

Seite 166/167: Blick auf die Akropolis von Lindos, von dem auf der gegenüberliegenden kleinen Insel gelegenen Grab des Kleobulos aus gesehen

Das weiße Kameiros, die mächtigste der drei Städte, lag auf der Westseite der Insel und wurde vom Tempel der Pallas Athena, der Tochter des Zeus, in der sich kriegerische Kraft und strahlende Weisheit vereinten, gekrönt.

Ialysos, die Stadt an der Nordwestspitze der Insel, war gleichfalls Athena geweiht. Die Akropolis, Burg und Tempel vereinend, lag auf dem Philerimosberg, und unter ihr breiteten sich Wiesen und Wälder aus, von Tausenden von Zikaden durchzirpt und von unzähligen Faltern umschwirrt. Die Nachfahren der ersten Bewohner legten die Toten um das Grab des Ialysos in drei Hügel, die der Akropolis vorgelagert sind, mit dem Blick zum Meer, dem sie die Geburt der Insel verdankten.

Lindos, die Stadt des dritten Heliossohnes, gebot über die Ostküste der Insel. Wie die Schwesterstädte war auch sie von Athena beschirmt, der Göttin der Schiffe, von denen eines als Relief in die Uferfelsen gemeißelt ist.

Gegenüber dem Heiligtum der Athena ließ sich Kleobulos, ein späterer Herrscher in Lindos und einer der Sieben Weisen Griechenlands, auf einer kleinen, vulkanischen Insel sein Grabmal erbauen.

Aus Argos, der östlichen Landschaft des Peloponnes, kam Tlepolemos, der Sohn des Herakles, den das Schicksal zwang, den Oheim zu erschlagen, als Flüchtling mit vielem Volk auf Schiffen nach Rhodos. In drei Stämme geteilt, bewohnten sie nun die Städte Kameiros, Ialysos und Lindos. Über alle herrschte der Herakleide, groß, gewaltig und in Frieden. Unter Helios' Schutz blühten Handel und Schiffahrt der Rhodier.

Aber als auf dem Olympos, dem Götterberg, Eris, die Göttin des Streites, den goldenen Apfel mit der Aufschrift »Der Schönsten« in die Versammlung der Unsterblichen geworfen hatte, verpflanzten die Götter den ausbrechenden Streit auf die Erde. Paris, der Sohn des greisen Priamos von Troja, entführte die schöne Helena, die Gattin des Königs Menelaos von Sparta. Agamemnon, König von Mykenä, der Tapferste unter Griechenlands Fürsten, führte das Heer der Griechen vor Troja, und der Trojanische Krieg begann, »der unnennbaren Jammer erregte«.

Auch der Herakleide Tlepolemos zog auf neun Schiffen »mit der Rhodier trotzender Jugend« gegen Troja und wurde dort von Sarpedon, dem Lyderkönig, einem Sohn des Zeus, erschlagen.

Nach Rhodos, das nun herrenlos lag, zog Althaimenes aus Kreta, den ein Orakelspruch fürchten machte, er könnte seinen Vater Katreus töten. Ihm folgten Angehörige des kühnen Volkes der Dorer als Kolonisten. Als Katreus hochbetagt nach Rhodos kam, dem Sohn die Herrschaft über Kreta zu übergeben, wurde er dennoch unerkannt von Althaimenes im Streite erschlagen.

Die Städte Kameiros, Ialysos und Lindos, die in Frieden zu immer größerer Blüte gelangten, schlossen sich mit den Inselstädten Knidos, Kos und der Festlandstadt Halikarnass zur dorischen Hexapolis, dem Bund der sechs Städte, zusammen.

Diagoras, der politische Führer von Rhodos im 5. Jahrhundert v. Chr., einer der größten hellenischen Athleten, Hauptkämpfer und Sieger in allen vier großen heiligen Spielen, von seinem Zeitgenossen Pindar besungen, führte Rhodos im Kampfe gegen die Perser auf die Seite Athens. Pindar aber schloß nicht ohne Grund seine Siebente Olympische Ode auf Diagoras mit den Worten: »Grad ist sein Weg, der Vermessenheit feind. Die Eratiden feiern seinen Sieg, auch die Stadt feiert ihn. Doch bei dem winzigsten Atemzug der Zeit wehen die Winde heute so und morgen anders.« Dorieus, der Sohn und Nachfolger von Diagoras, selbst ein siegreicher Athlet, der 411 v. Chr. einen Volksaufstand unterdrückte, bekam die wechselnde Gunst seiner Zeitgenossen vielfach zu spüren. Aber es gelang dem kühnen und weitblickenden Manne, die Stadt Rhodos am Nord-

ostende der Insel um einen neuen und guten Hafen herum zu gründen, das beste Volk der alten Städte Kameiros, Ialysos und Lindos dorthin zu ziehen und Kraft und Verteidigungsbereitschaft der vier Städte zu organisieren. Macht und Reichtum der Insel konnte er so gegen den Ansturm feindlicher Mächte erhalten, und Rhodos erlebte unter ihm einen neuen Aufschwung.

Auf der höchsten Erhebung der Insel wurde dem Völkerhirten Zeus ein Tempel errichtet. Aber auch sein Sohn Apollon wurde geehrt. Gleich einer Burg

links: Rekonstruktion des Kolosses von Rhodos durch den englischen Archäologen Herbert Maryon
rechts: Rekonstruktionsversuch des Kolosses von Rhodos durch den Barockbaumeister Fischer von Erlach, London, Bibliothek des Britischen Museums

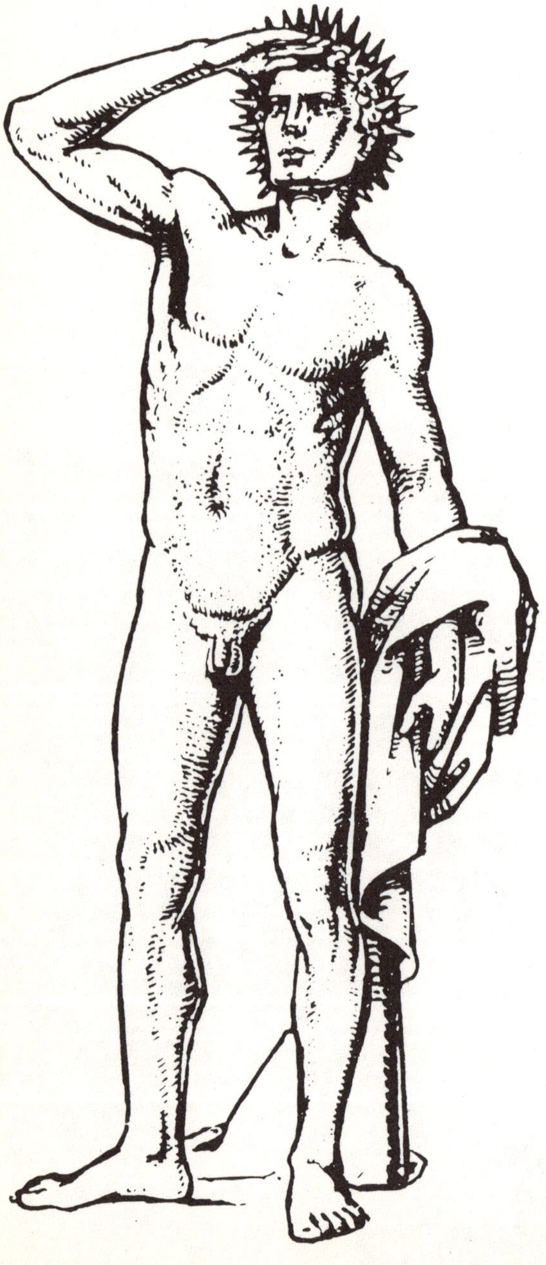

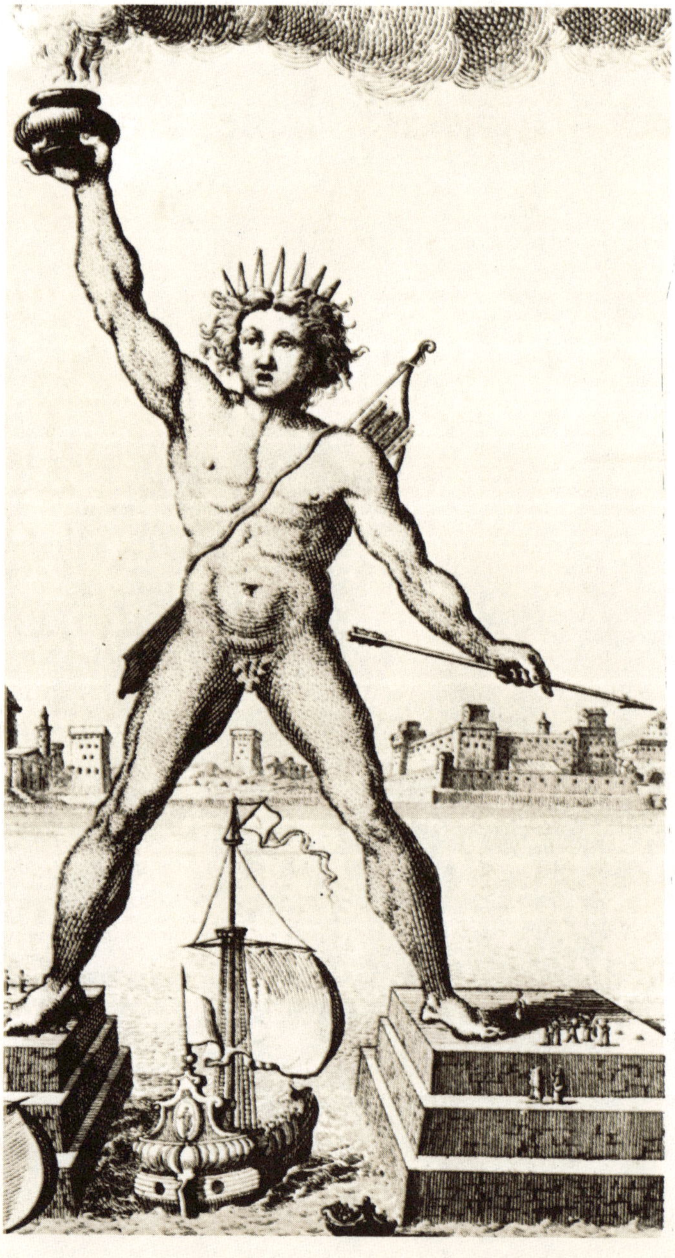

erbauten sie ihm den Tempel, dem delphischen Gott, der die Griechen lehrte, daß nur eine zur rechten Zeit erzielte Versöhnung auch dem gewaltigsten Gegner die vernichtenden Waffen aus der Hand nimmt.

Aber die Zeit war solchen Wünschen nicht hold. Die auf die Gründung folgenden fünfundsiebzig Jahre rhodischer Geschichte bis zur Weltherrschaft Alexanders des Großen wurden durch die Kämpfe zwischen Athen und Sparta, die Schlachten zwischen Griechen und Persern und die Bürgerkriege zwischen den aristokratischen Familien und der Mehrheit des Volkes von Rhodos bestimmt.

Als Alexander das Vorfeld seines Feldzuges gegen Persien absteckte, erhielt Rhodos eine mazedonische Besatzung und verlor damit seine Unabhängigkeit. Nach Alexanders Tod im Jahre 323 v. Chr. wurde die Freiheit der Insel im Zeichen des beherrschenden Gottes wiederhergestellt. Rhodos gelangte in den folgenden Jahren zu seiner höchsten Macht.

Der Hafen der Stadt wurde der wichtigste Umschlagplatz für Getreide, Teer, Bauholz, Häute, Hanf, Wollwaren und Sklaven. Die hellenistische Welt, ein Werk des Feldherrn und Politikers Alexander, wurde zu einem einzigen, riesigen Markt, beherrscht von den griechischen Kaufleuten. Das Geld der großen Handelsmächte bestimmte die Preise, und Kredit- und Bankgeschäfte gewannen wachsenden Einfluß auf die Politik.

Aber Alexander war tot. Und da ein volljähriger Erbe fehlte, zerrissen seine Generale die weltweite Monarchie in einzelne Reiche und warfen sich zu deren Herrschern auf. So erstrebte Antigonos, der Einäugige, einer der fähigsten Generale Alexanders, die Herrschaft über Mazedonien und Griechenland.

Als er im Jahre 304 seinen Sohn Demetrios Poliorketes, den Städtezertrümmerer – der im Feldlager Alexanders aufgewachsen war –, mit einer Kriegsflotte gegen Rhodos schickte, drohte dem Inselreich die finsterste Stunde. Demetrios' Spezialwaffe waren große Schiffe, auf denen von ihm selbst konstruierte Belagerungsmaschinen montiert waren. Sie wurden der Schrecken seiner Feinde. Aber die Rhodier verteidigten ihre Stadt mutig, und Demetrios gelang es nicht, seinen Ruhm als »Städtezertrümmerer« zu mehren. Er mußte die Belagerung abbrechen und viele Tote und die kostbaren Kriegsmaschinen zurücklassen.

Aber der Mensch vermag nichts ohne die Götter; das wußten die Rhodier. Darum wollten sie dem Gotte Helios, dem Herrn und Beschützer ihrer Insel, ein Standbild setzen, das sie aus dem Erlös der Kriegsmaschinen zu finanzieren beschlossen.

Der griechische Geograph Strabo, der um die Zeitenwende die Welt bis an ihre erreichbaren Grenzen bereiste, berichtet: »Das Schönste von all den Weihegeschenken und Statuen in der Stadt Rhodos aber ist der Koloß des Helios, von dem das Gedicht sagt, es habe ihn gemacht ›sieben mal zehn Ellen hoch Chares aus Lindos‹. Jetzt liegt er am Boden, umgestürzt durch ein Erdbeben, abgebrochen an den Knien.«

Es ist nicht sicher, wo der Koloß des Helios stand, denn die antiken Quellen verraten nichts darüber. Manche Forscher haben als Standort einen erhöhten freien Platz mitten im Zentrum der antiken Stadt angenommen, ohne allerdings einen Beweis dafür erbringen zu können. Wahrscheinlich ist, daß eine Kolossalstatue von mehr als dreißig Meter Höhe an einem Punkte gestanden ist, wo sie von weit her auf einfahrenden Schiffen gesehen und von den Besatzungen als Orientierungspunkt benutzt werden konnte. Sie dürfte also wohl genau dort gestanden sein, wo sich heute das Fort San Nicolas erhebt, die am weitesten vorgeschobene Bastion der Befestigungswerke, die die Kreuzritter vom Orden der Johanniter im Kampfe gegen die Türken errichtet haben. In diesem Fort sind zahlreiche antike Überreste verbaut worden, die heute noch zu finden sind. Der Barockbaumeister Fischer von Erlach hat 1725 in einem Stich jene Vorstellung über Form und Standplatz des Helios festgehalten, wie sie sich in der Renaissance gebildet und bis heute noch in vielen Köpfen erhalten hat: Der Helios steht mit gespreizten Beinen, eine Fackel emporstreckend, so über der Hafeneinfahrt, daß die Schiffe mit vollen Segeln unter ihm durchfahren und in das schützende Hafenbecken gelangen können. Der eine Fuß hätte also auf einer Plattform auf der linken Molenspitze, der andere auf

Stater, Vorderseite, Gold, zwischen 380–340 v. Chr., aus Rhodos, Kopf des Helios, etwas nach rechts gewandt, Haare strahlenförmig auslaufend, Vorbild der Prägung vermutlich der Koloß von Rhodos, London, Britisches Museum

Trauernde Rhodierin, Bruchstück eines attischen Grabreliefs, drittes Viertel des 4. Jahrhunderts v. Chr., München, Glyptothek

der gegenüberliegenden rechten Mole aufgesetzt gewesen sein müssen. Diese reizvolle Vorstellung ist jedoch praktisch unmöglich, weil die Abstände zwischen den Enden der moleartigen Landzungen, die die natürlichen Häfen von Rhodos bilden, dafür zu groß sind. Die Entfernung beträgt beim nördlichen Hafen, dem heutigen Porto di Mandracchio, etwa zweihundert Meter und beim Südhafen, dem Porto di Commercio, dreihundert Meter. Die in den antiken Quellen übereinstimmend mit dreißig Meter angegebene Gesamthöhe des Kolosses läßt es aber höchst zweifelhaft erscheinen, daß seetüchtige Schiffe unter ihm durchfahren hätten können. Dafür hätte der Koloß wesentlich höher sein müssen. Abgesehen von dieser technischen Unmöglichkeit widerspräche eine solche Statue allen ästhetischen Prinzipien der Griechen des 3. Jahrhunderts. Auch deshalb müssen wir das abenteuerliche Bild von dem mit gespreizten Beinen über den Hafenmolen stehenden Helios aufgeben. Auch wenn eine geschäftliche Touristik plant, den Helios solchergestalt in Rhodos neu zu errichten.

Als im Jahre 1932 in Rhodos ein Helios-Relief aus Stein gefunden wurde, unternahm der Engländer Herbert Maryon einen neuen Rekonstruktionsversuch. Das Relief, von dem nur der obere Teil erhalten ist, stellt ohne Zweifel Helios dar, der mit der rechten Hand die Augen beschattet und nach rechts in die Ferne blickt. Über seinem linken Arm liegt – wie gerade noch deutlich zu erkennen ist – der Bausch seines Gewandes. Durch die starke Wendung des Kopfes ergibt sich eine entsprechende Drehung des Oberkörpers, eine Haltung, die wir in der klassischen Zeit der griechischen Skulpturen nicht finden, die aber in der hellenistischen Kunst nach dem großen Bildhauer Lysippos – also in der Zeit, in welcher der Helios entstand – durchaus möglich ist. Der Schöpfer des »Kolosses von Rhodos« aber war der Bildhauer Chares, ein Schüler des Lysippos!

Die Plastik des jugendlichen Herakles aus dieser Zeit – aus der Schule des Lysippos – bietet dafür ein gutes Beispiel. Ebenso die aus der gleichen Schule stammende Bronzestatue des Diadochen, die durch das Zurücksetzen des Spielbeins den Rhythmus des Körpers verändert. Auch die Plastik des flötenspielenden Marsyas mit seiner starken Drehung um die eigene Achse kann zum Vergleich herangezogen werden. Der Helioskopf des Reliefs läßt trotz der starken Verwitterung eine so deutliche Übereinstimmung mit einem anderen, ebenfalls in Rhodos gefundenen Helioskopf erkennen, daß – bei einem weiteren Vergleich mit dem Helioskopf auf rhodischen Münzen – eine Gemeinsamkeit mit dem Koloß von Rhodos angenommen werden kann.

Herbert Maryon legt seinen Untersuchungen folgende Tatsachen zugrunde, die er Philon von Byzanz entnahm: »Der Koloß hatte eine Höhe von 120 Fuß, was 36 Metern entspricht, und an Material wurden verbraucht 12,5 Tonnen Bronze und 7,5 Tonnen Eisen.« Die Berechnung des Verhältnisses der Oberfläche zum verwendeten Material führt Maryon zu der Feststellung, daß die Stärke der bronzenen Außenhaut nur 1,6 mm betragen haben kann. Maryon kommt deshalb zu dem Schluß, daß die einzelnen Teile, aus denen der Koloß zusammengesetzt war, nicht – wie bisher angenommen – gegossen, sondern gehämmert worden seien. Die Standhaftigkeit der Figur, so meint Maryon, sei einzig und allein von ihrem Kern bestimmt worden. Diese Behauptung stimmt nicht nur mit der Schilderung des Philon von Byzanz überein, sondern auch mit den Mitteilungen, die Plinius nach dem Sturz des Kolosses in der »Naturalis Historia« machte: »... große Höhlungen gähnen aus den zerbrochenen Gliedern, und innen drin sieht man Steine von großer Masse, durch deren Gewicht der Meister den Koloß standfest machte.«

Um den Koloß einerseits über die ihn umgebenden Häuser und Hügel zu erheben und ihm andererseits zu einer ästhetischen Wirkung zu verhelfen, hat man ihn, so nimmt Maryon an, auf einen etwa sechs bis sieben Meter hohen Sockel gestellt.

Philon und Strabo, die den Koloß nach seinem Sturz durch ein Erdbeben mit eigenen Augen sahen, berichten von der Masse des Eisens und der Steine des Mauerwerks im Innern der Figur. Maryon meint, daß das Mauerwerk aus zwei Säulen von etwa 27 Meter Höhe bestand, die von den Knöcheln durch die Beine und den Körper bis zum Nacken reichten, und einer dritten, die in etwa drei Meter Abstand durch die Drapierung des Mantels gezogen war, der vom linken Arm bis auf die Erde herabhing.

Da es zu jener Zeit weder Flaschenzüge noch andere Hebewerke gab, mußte – wie das auch aus der Nachricht des Philon von Byzanz hervorgeht – rings um den Koloß ein Berg aufgeschüttet werden. Auf einer spiralförmig verlaufenden Straße wurde das für die Statue nötige Material transportiert, und der Berg nahm stetig zu, je weiter die Figur in die Höhe wuchs.

Die Bauzeit soll zwölf Jahre betragen haben. Demnach wurden also jährlich im Durchschnitt 3,6 Meter des Kolosses errichtet. Nimmt man für den Beginn der Arbeit die Beendigung der Belagerung durch Demetrios Poliorketes an, so muß der Koloß um das Jahr 290 v. Chr. fertig gewesen sein.

Aber bereits 66 Jahre später stürzte ein furchtbares Erdbeben den Koloß und vernichtete gleichzeitig Teile der Mauern und Hafenmolen von Rhodos. Fünfundzwanzig Jahre danach brach auch die Freiheit und Macht von Rhodos zusammen.

Im Jahre 653 n. Chr. rissen die in Rhodos einbrechenden Sarazenen die Reste des Weltwunders nieder, raubten das Erz und schleppten es nach Syrien.

Dort soll ein Händler die bronzene Haut des Gottes gekauft und auf 900 Kamelen zur Einschmelzung abtransportiert haben.

DER PHAROS VON ALEXANDRIA

Der Leuchtturm auf der Insel Pharos im Hafen von Alexandria wurde im Jahre 279 v. Chr. nach zwanzigjähriger Bauzeit vollendet. Fast vom ersten Tage an galt er als Weltwunder. Ptolemaios II., König von Ägypten, hat die Fertigstellung zum Anlaß genommen, das erste panhellenische Nationalfest mit großem Pomp rings um ein technisches Wunderwerk zu feiern. Über dreieinhalb Millionen Goldmark nach unserer Rechnung waren verbaut worden.

Zu dieser Zeit fielen die Kelten in Griechenland ein, und Rom und Karthago handelten ihr Bündnis aus, um gemeinsam die Griechen in Süditalien zu vernichten. Epikur erklärte, von allem unberührt, die Entstehung der Welt aus dem Zusammenprall der Atome. Und das Feuer des Leuchtturmes kreiste, den Schiffen und einer neuen Zeit den Weg zu weisen. Einer Zeit, die hundertzweiundfünfzig Jahre zuvor begonnen hatte.

Athena, die kluge Tochter des Zeus, die Beschützerin aller griechischen Städte und »dieses an Ruhm, an Kriegsgewalt, an Poesie, an jeder Macht herrlich begabten Landes«, neigte das Haupt voll Trauer, als die Bewohner Athens und Spartas im Jahre 431 begannen, im Streit um die Vorherrschaft in Hellas ihr Land selbst zu zerreißen und zu zerfleischen. Während der dreißig Jahre, in denen die Jünglinge auf den Schlachtfeldern des Peloponnesischen Krieges starben, reifte die Zeit heran, in der die Makedonen unter ihrem König Philipp II., der 359 die Herrschaft antrat, die wahren Herren Griechenlands wurden.

Am 4. August des Jahres 338 standen in der Ebene von Chaironeia die Makedonen dem vereinigten Heer der Athener und Thebaner gegenüber. König Philipp entwickelte eine völlig neue Kriegstaktik: Er eröffnete den Kampf durch ein Manöver der leichten Kavallerie, um den Gegner zu verwirren, und schob die Infanterie in breiter Front nach, um den Feind zu binden, während er die kampfentscheidenden Operationen auf den beiden Flügeln ausführte. Die Entscheidung bei Chaironeia brachte eine Reiterattacke unter der Führung des jungen Königssohnes Alexander.

links: Pharos mit Schiff, Rückseite einer Münzprägung aus der Zeit des Kaisers Commodus (188/89 n. Chr.), Berlin, Bode-Museum
rechts: Pharos mit Göttin Isis, Rückseite einer Münzprägung aus der Zeit des Kaisers Antoninus Pius (148/49 n. Chr.), Berlin, Bode-Museum

Seite 176: Paßstraße bei Adana, strategische Schlüsselstellung zum Taurusgebirge; auf solchen Straßen zogen die Truppen Alexanders des Großen

rechts: Kolossalkopf des Königs Ptolemaios II. von Ägypten; er trägt auf dem griechischen Haar die ägyptische Krone, Alexandria, Griechisch-Römisches Museum

Das Siegesdenkmal auf dem Schlachtfeld, ein marmorner Kolossallöwe, wurde zum Symbol des Panhellenischen Bundes unter Führung der Makedonen. Athen ernannte die Sieger Philipp und seinen Sohn Alexander zu Ehrenbürgern, und die »Bundesversammlung von Korinth« übertrug Philipp die uneingeschränkte Vollmacht zur Führung des Krieges gegen Persien.

Aber die wahren Sieger waren die Götter Griechenlands und ihre Priester und Priesterinnen von Olympia, Delphoi, Delos, Eleusis. Gesiegt hatten Homer, der Dichter der »Ilias« und der »Odyssee« und Schöp-

Thrakische Krieger, Ausschnitt aus einem kolossalen Grabrelief um 100 n. Chr., gefunden in Saloniki, Istanbul, Museum

Der Pharos, Ausschnitt aus einer Münzprägung aus der Zeit Kaiser Hadrians (126/27 n. Chr.), Berlin, Bode-Museum

fer der bildstarken, zum Lyrischen und Dramatischen gleich befähigten griechischen Sprache, und der große Dramatiker Aischylos, der gegen die Eindringlinge aus dem Osten kämpfte und dann das Drama »Die Perser« schuf, Sophokles, der in seiner »Antigone« menschliches Gebot wider staatliche Satzung stellte, und Euripides, der Schöpfer der Medea, der Phädra und der Iphigenie.

Sieger waren die Philosophen: Sokrates, der in Leben und Lehre ein Muster an Frömmigkeit, Selbstbeherrschung, Freundes- und Überzeugungstreue, Vaterlandsliebe und Charakterfestigkeit darstellte, Platon, Schüler des Sokrates, der Sinn und Wesen der der menschlichen Seele eingeborenen Ideen erkannte, und Theophrast, Vater und Begründer der Wissenschaft von den Pflanzen und der Heilkunde. Das Gefühl bestimmten Sappho, die Dichterin, die die ganze Süßigkeit und Trauer menschlicher Existenz ausschöpfte, und Alkaios, der Dichter zorniger Leidenschaft und männlicher Kraft. Aristoteles, Platons Schüler, der als Lehrer den jungen Alexander, Philipps Sohn, zum größten aller Griechen bildete, zog die Summe.

Aischines, ein Schüler des Sokrates und wortgewaltiger Publizist Athens, war der Meinung, daß Asien durch ein geeintes Griechenland erobert werden könnte. Als Alexander mit zweiundzwanzig Jahren (im Jahre 336) die Herrschaft anstelle seines Vaters antrat, der von seiner eifersüchtigen Frau ermordet worden war, festigte er seine Stellung in Makedonien und Griechenland und begann zwei Jahre später den Rachekrieg Griechenlands gegen Persien.

Alexander marschierte mit seinem Heer durch Thrakien, setzte bei Sestos, an der engsten Stelle des Hellespont, nach Asien über, huldigte auf den Ruinen Ilions seinem verehrten Vorbild Achilleus, stieß schließlich bis zum Flusse Granikos vor und erzwang im Jahre 334 v. Chr. gegen ein persisches Heer den Übergang, besetzte alle griechischen Küstenstädte, die sich ihm als Befreier von persischer Herrschaft freudig öffneten, und nahm damit den Persern die Möglichkeit, mit ihrer Flotte Truppen zu landen.

Er eroberte das starke Halikarnass mit seinem gefährlichen Hafen, zog nach Gordion und löste den

oben: Büste des Dichters Homer, Idealbildnis aus hellenistischer Zeit, London, Britisches Museum
unten: Frauenkopf, bekannt unter dem Namen Aspasia, Paris, Louvre

Gordischen Knoten, an dem nach einem alten Orakel das Schicksal Asiens hing, in bedeutungsvoller Weise, indem er ihn mit einem Schwertstreich entzweihieb. Dem auf dem Landweg heranrückenden Heer der Perser kam er durch die Besetzung der wichtigsten Pässe zuvor und schlug 333 bei Issos das große persische Heer unter seinem König Dareios III. vernichtend. Dareios floh.

Kopf des Platon, gefunden in Ephesos, Ephesos, Museum

Alexander unterwarf Palästina und rückte in Ägypten ein, dessen Bevölkerung ihn als Befreier vom persischen Joch begrüßte. Im Jahre 332 gründete er auf der Landzunge zwischen dem Mittelmeer und dem Mareotischen See die Stadt Alexandria und festigte damit die griechische Herrschaft in Ägypten. Danach zog er durch die Libysche Wüste zum berühmten Orakel des Zeus in der Oase Siwa und wurde von den Priestern zum Sohn des Zeus erklärt.

Nun zog er als Gott nach Asien und schlug im Oktober des Jahres 331 auf der Ebene zwischen Arbela und Gaugamela in Assyrien die Entscheidungsschlacht gegen die Perser. König Dareios wurde von seinen eigenen Leuten erschlagen. Dieser Sieg machte Alexander zum Herrn von Asien.

In Persepolis ließ er den Palast des Xerxes in Flammen aufgehen als Symbol der Vergeltung für die Verbrennung Athens durch die Perser hundertfünfzig Jahre vorher. Damit war der Rachekrieg gegen Persien zu Ende.

Nach seinem Zug durch Indien kehrte Alexander im Jahre 324 in die persische Stadt Susa zurück. Bei Opis am Tigris ließ er ein Friedensfest richten und betete für einen Frieden, in dem Makedonen, Perser, Griechen und alle Völker gleichberechtigte Glieder einer einzigen Gemeinschaft sein sollten, betete, daß alle Völker dieser Welt, die er kenne, in Harmo-

Ausschnitt aus den Reliefskulpturen des »Alexander-Sarkophags«, der in Sidon im Libanon gefunden wurde, um 320 v. Chr., Istanbul, Museum

nie und Eintracht des Herzens zusammenleben möchten, denn alle seien Kinder eines Vaters.

Aber Alexander starb wenig später, im Jahre 323, noch nicht dreiunddreißig Jahre alt, plötzlich in Babylon. Die Welt erbebte bis auf den Grund. Demosthenes von Athen, Redner und Anwalt der Freiheit, ein heftiger Gegner Makedoniens, versuchte eine Erhebung Griechenlands zu organisieren, scheiterte, floh und tötete sich selbst durch Gift. Seleukos Nikator, einer der mutigsten und besonnensten Generale Alexanders, riß ganz Vorderasien an sich und begründete das Reich der Seleukiden, das vom Indus

Aquädukt in Issos, wo im Jahre 333 v. Chr. Alexander der Große über die Perser siegte

Stadttor von Gordion, wo Alexander der Große den Gordischen Knoten, von dessen Lösung die Herrschaft über Asien abhängen sollte, mit seinem Schwert entzweihieb

bis zum Mittelmeer reichte. Ptolemaios, ohne Zweifel der begabteste und glücklichste unter Alexanders Führern, ein Verwandter des großen Königs, nahm sich aus dem Bestand des Weltreiches mit ruhiger Hand Ägypten mit der Hauptstadt Alexandria und begründete die Dynastie der Ptolemäer, die dreihundert Jahre bestand, bis sie unter Kleopatra in den Auseinandersetzungen mit Rom ihr Ende fand.

»Durch die Gründung Alexandrias«, sagte Napoleon, »hat Alexander sich berühmter gemacht als durch seine glänzenden Siege. Es ist die Stadt, die das Herz der Welt werden mußte.« Alexandria wurde der Mittelpunkt des Welthandels. Alle Schifffahrtswege und Karawanenstraßen gingen von dort aus und mündeten wieder dort. Die Stadt wurde zu einem Schmelztiegel für Menschen, Völker und Kul-

Ammon-Priester, der auf einem Schild die Figuren von drei ägyptischen Gottheiten trägt (schwarzer Granit), Kairo, Museum

turen. Hier sammelten sich Atheisten, aus dem freisinnigen und demokratischen Athen verbannt, Gläubige vom Ganges, monotheistische Juden und Gotteslästerer aus Kleinasien. Griechischer Geschmack und asiatische Pracht vereinten sich in einem griechisch-ägyptischen Stil. Eine neue moralische Welt wurde hier geboren. Der Mensch und sein Wissen standen von nun an im Mittelpunkt.

Ptolemaios I. stiftete das Museum von Alexandria, den Ort, wo die exakten mathematischen und physikalischen Wissenschaften gepflegt wurden. An das Museum schlossen sich botanische und zoologische Gärten an, astronomische Observatorien mit Steinquadranten, Astrolabien, Armillarsphären und Fernrohren, eine Anatomieschule, ausgestattet mit den Mitteln zur Sezierung des menschlichen Körpers, und endlich die größte Büchersammlung der Welt.

Die Grundlagen der gesamten mathematischen Wissenschaften legte Euklid in seiner »Elementa Matheseos« nieder. Über die Kegelschnitte verfaßte Apollonios von Perge, der »große Geometer«, ein epochemachendes Werk, dessen Methode noch jetzt gilt. Die erste Berechnung der Größe der Erde nahm Eratosthenes vor und irrte sich bei der Ermittlung ihres Durchmessers nur um achtzig Kilometer. Die erste Sternkarte, ein Verzeichnis der Gestirne, die Berechnung der Entfernungen von Sonne, Mond und Erde und die Bestimmung der Orte nach Länge und Breite erarbeitete Hipparchos von Nikaia. Die Anfertigung von Automaten, so auch einer Dampfmaschine, beschrieb Heron. Anstelle der bisherigen sakralen Medizin entwickelte der große Arzt Herophilos aus Chalkedon die empirische Medizin und die Grundlagen der Anatomie. Die Bewegung der Erde um die Sonne und ihre eigene Achse lehrte als erster Aristarchos aus Samos.

Archimedes von Syrakus, ein Schüler des Euklid, entwickelte die Theorie der Mechanik und Hydrostatik, erfand den Flaschenzug und die Wasserschraube. Kallimachos, Vorsteher der Bibliothek von Alexandria, war der Polyhistor seiner Zeit, der durch Schriften und mündliche Lehre auf alle Wissenschaftler größten Einfluß ausübte.

Jede Zeit und Kultur tastet, sucht nach dem ihr gemäßen Ausdruck, nach ihrem Symbol. Für Alexandria war die Zeit der großen Tempel und Mysterien vorüber, vorbei die Zeit der Königsgräber, zu Ende der Äon der unbedingten Götterherrschaft, vergangen die Gewalt der Seher und Dichter. Das geheimnisvolle Maß der Schönheit war verspielt.

Der Mensch und die Vernunft des Menschen, sein Wille, die Dinge dieser Welt zu ergründen und ihr seinen Willen aufzuzwingen, wurden oberstes Gesetz. Das neue Wunder dieser Welt wurde der Pharos von Alexandria: ein Triumph der Technik und bis heute Vorbild aller Leuchttürme der Welt.

Von Alexander dem Großen wohl schon bei der Anlage der Hafenstadt geplant, wurde der Bau des Leuchtturmes erst unter Ptolemaios Soter um 300 v. Chr. begonnen und unter Ptolemaios Philadelphus, dem zweiten Herrscher der Ptolemäer-Dynastie, um 279 v. Chr. nach zwanzigjähriger Bauzeit vollendet. Das Weltwunder stand auf der Insel Pharos, genau an der Stelle, wo sich heute das Fort Kait Bey befindet, das um 1480 n. Chr. von dem Mamelucken Sultan Kait Bey errichtet worden ist. Der Leuchtturm hatte den Namen der Insel übernommen und wurde deshalb Pharos von Alexandria genannt.

Die alten Fundamente des Pharos sind – wenn auch vom Meer überspült – noch deutlich zu erkennen. Im Wasser liegen noch Reste und Trümmer des alten Leuchtturms. Einige Granitquader des Pharos bilden die Türfassung des Forts, alte Säulenstümpfe sind in die Kastellmauern eingelassen, und ein Säulenkapitell erinnert an die einstige Weltwunderherrlichkeit. Die Insel war bereits im Altertum durch einen eintausenddreihundert Meter langen Damm mit dem Festland verbunden, der im Laufe der Zeit ständig rechts: Turminneres von Fort Kait Bey in Alexandria, aus dem Blick von unten nach oben gewinnt man eine Vorstellung vom Innenraum des Pharos, der sich an der gleichen Stelle erhob

links unten: Längsschnitt durch den Pharos, der vor allem die Anlage der Gänge und Kammern zeigt, Rekonstruktionen nach H. Thiersch
rechts unten: Längsschnitt durch den Pharos, der die Technik des Leuchtfeuers zeigt, Rekonstruktion nach H. Thiersch

verbreitert wurde und heute einen eigenen Stadtteil trägt.

Die alexandrinischen Münzen aus der römischen Kaiserzeit zeigen immer wieder den Leuchtturm, allein oder auch mit Isis, seiner Schutzgöttin. Im Vergleich mit anderen Darstellungen und den literarischen Zeugnissen aus verschiedenen Jahrhunderten läßt sich der Aufbau des Pharos einwandfrei rekonstruieren. Er war in drei Stockwerken aufgebaut. Den unteren Teil bildete ein sich nach oben leicht verjüngendes Viereck in einer Höhe von 71,30 Meter, und er war damit doppelt so hoch wie breit. An den vier Ecken saßen, nach den vier Windrichtungen ausgerichtet, muschelhornblasende Tritonen, Söhne des Meeresgottes Poseidon. Das zweite, zurücktretende Stockwerk war in der Form eines Achtecks gebildet

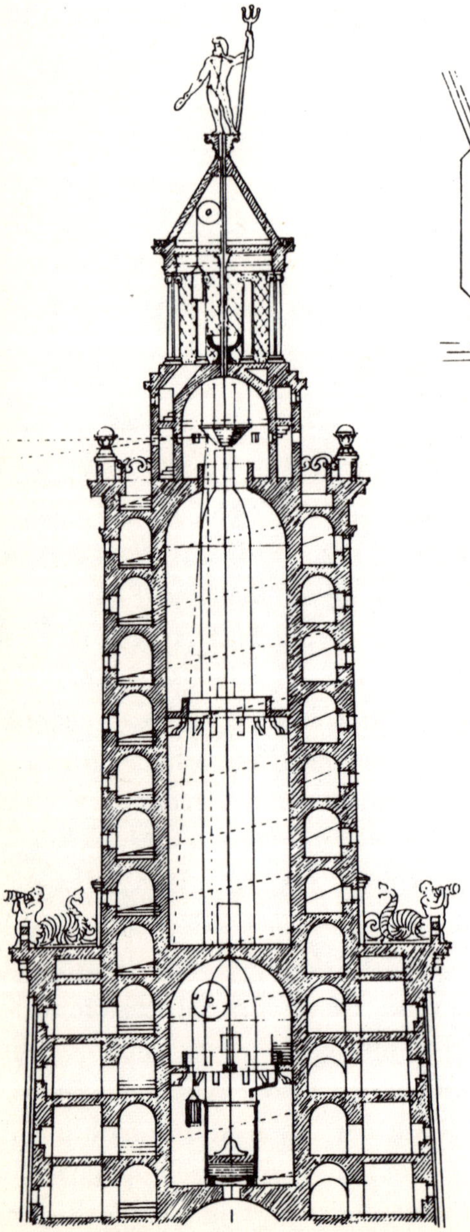

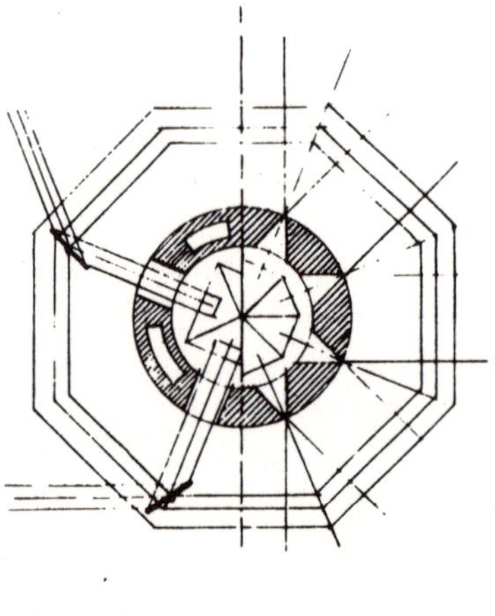

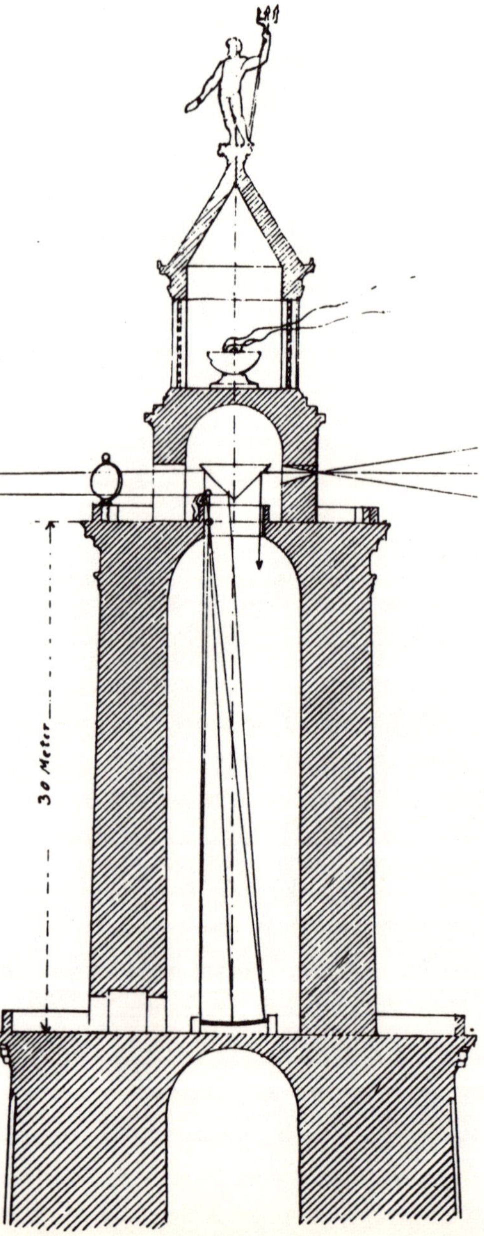

und mit seiner Höhe von 34,50 Meter etwa um die Hälfte niedriger als das erste Stockwerk. Das dritte, gleichfalls wieder zurücktretende Stockwerk hatte die Form eines Zylinders und war 9,20 Meter hoch. Es barg das offene Leuchtfeuer, dessen Licht, durch einen großen Hohlspiegel gebündelt, noch in einer Entfernung von fünfundfünfzig Kilometer gesehen werden konnte. Daß diese Konstruktion von Archimedes stammte und auch dazu benutzt werden konnte, feindliche Schiffe in Brand zu stecken, wird uns zwar berichtet, aber nicht bestätigt.

Der Pharos war mit einer Kolossalfigur bekrönt,

links: Gang zwischen Innen- und Außenmauer des Turmes von Fort Kait Bey, der einen Vergleich mit den Gängen im Pharos ermöglicht
rechts: Blick auf das Meer durch ein Fenster einer der Kammern im Turm von Fort Kait Bey; genauso waren die Kammern des Pharos angelegt und ausgerichtet

wahrscheinlich aus Bronze, die vermutlich Alexander, den Gründer der Stadt, oder Ptolemaios Soter, den ersten Herrscher des Reiches, in Gestalt des Sonnengottes Helios darstellte. Das gesamte Bauwerk wurde durch eine mit Mauern versehene Plattform gegen anstürmende Wellen geschützt. Ein Teil des die Insel mit dem Festland verbindenden Dammes war als Aquädukt gebaut, der das Trinkwasser zuleitete, das im Untergeschoß des Leuchtturmes gespeichert wurde.

Zur inneren Ausgestaltung des Pharos, wie sie uns aus verschiedenen Berichten überliefert ist, bietet uns der Innenbau des Forts Kait Bey eine höchst in-

Kopf einer griechischen Priesterin mit ägyptischem Haar- und Kopfputz, um 250 v. Chr., Alexandria, Griechisch-Römisches Museum

teressante und anschauliche Illustration. Viereck, Achteck und Zylinder sind als Form auch im Innenbau beibehalten. Der Aufgang im Innern war als bequeme, breite Rampe angelegt, die in vielen niedrigen Absätzen nach oben führte. Ein in der Mitte von unten nach oben durchgehender Schacht diente als eine Art Aufzug für die verschiedensten Objekte, nicht zuletzt für das Brennmaterial des Leuchtfeuers. Die vielen Kammern an der Peripherie des Turmes waren von der Rampe, dem Aufgang, durch Türen zugänglich und hatten nach außen Fenster. Sie dienten natürlich der maritimen Beobachtung, aber sicher auch den berühmten Astronomen und Mathematikern der Alexandrinischen Universität zu Studien und Versuchen.

Als Konstrukteur und Erbauer des Pharos ist uns »Sostratos aus Knidos, Sohn des Dexiphanes«, überliefert, der sich auch durch andere konstruktiv-architektonische Leistungen, wie die Nilkorrektur bei Memphis, einen Namen als hochbegabter und vielseitiger Mann gemacht hat.

Von den berühmten antiken Nachahmungen des alexandrinischen Pharos im römischen Hafen Ostia, in Konstantinopel und Boulogne ist uns der »Herkulesturm« in La Coruña, an der Nordwestspitze der Spanischen Halbinsel, von dem Spanier Servius Lupus unter Kaiser Trajan um das Jahr 100 n. Chr. erbaut, als einziger erhalten geblieben. Trotz verschiedener Restaurierungen bewahrt er noch seine ursprüngliche Gestalt und ist seit Kaiser Trajans Zeit bis heute ohne Unterbrechung in Betrieb. Sein Licht, dem des Pharos von Alexandria nachgebildet, wenn auch etwas modernisiert, weist nun fast schon durch zwei Jahrtausende den Schiffen die Richtung. Wurde im Pharos von La Coruña der Weltwundervorgänger auch nicht in allen Teilen kopiert und dessen Großartigkeit nicht erreicht, so vermittelt er uns doch eine Vorstellung von der Einmaligkeit des Originals. Daß um die Mitte des 1. Jahrhunderts v. Chr. Ägypten und das Ptolemäische Reich zum Kampffeld des zur Weltherrschaft aufsteigenden Roms wurden, konnte den Pharos von Alexandria nicht erschüttern. Im Jahre 48 v. Chr. wurde der einst so mächtige Pompejus auf der Flucht vor seinem großen Gegenspieler Julius Cäsar in Ägypten ermordet und soll in Alexandria beigesetzt worden sein. Die riesige Pompejussäule, auf alten ägyptischen Fundamenten ruhend, zeugt von der Größe des Gestürzten. Kleopatra, die letzte Ptolemäerin, wurde von Cäsar dann gegen ihre Widersacher auf einen Thron von Roms Gnaden erhoben. Die berühmte Bibliothek von Alexandria ging in Flammen auf: furchtbare Realität und bestürzendes Sinnbild für die sich verändernde Welt.

Nachdem der römische Konsul Marc Anton, nach Cäsars Ermordung Herr des Ostens und Geliebter Kleopatras, im Jahre 31 v. Chr. nach seiner Niederlage gegen Octavian, den Neffen und Erben Cäsars, in der Seeschlacht bei Actium gemeinsam mit Kleopatra in Alexandria Selbstmord begangen hatte, verlagerte sich der Mittelpunkt der Welt von Alexandria nach Rom. Aber während dann auch dieses Weltreich verging, blieb der Pharos von Alexandria bis Ende des 8. Jahrhunderts n. Chr. unverändert erhalten. Im Jahre 796 erschütterte ihn ein Erdbeben. Die Türken, die neuen Herren Ägyptens, versuchten ihn zu erhalten. Aber an der Wende des 11. zum 12. Jahrhundert wurde aus dem Leuchtturm ein zweigeschossiger Bau mit einer krönenden Moschee. Hundert Jahre später war der Pharos verfallen, bis im Jahre 1477 aus Schutt und Trümmern die Festung entstand, die uns in ihren wesentlichen Teilen bis heute erhalten geblieben ist.

Uns blieb die Erinnerung an den Pharos von Alexandria, das letzte der Sieben Weltwunder der Antike, gleichsam wie ein Licht, das uns den letzten Gipfel griechischer Kultur und hellenistischen Geistes vor dem Hintergrund unserer vergänglichen und sich ständig wandelnden Welt erkennen läßt.

Zeittafel

Griechenland

1100–900: Die große Wanderung im Mittelmeergebiet, Beginn der Eisenzeit in Griechenland, Beginn der ersten Kolonisation; Besiedlung der Westküste Kleinasiens, Einführung der griechischen Buchstabenschrift

800–700: Entstehung der Homerischen Epen: Ilias und Odyssee; Zersplitterung Griechenlands, Orakel des Apollon in Delphoi, Gründung der Spiele von Olympia

um 750: Einigung Attikas unter Athen

Babylonien und Assyrien

um 4000: Zusammenschluß von Städten in Sumer und Akkad
4000–3000: Erste Dynastien von Kisch, Uruk und Ur

um 2500: Dynastie von Lagasch

2414–2358: Sargon von Akkad (Vereinigung von Sumer und Akkad)

um 2150: Gudea von Lagasch

um 2100: Dritte Dynastie von Ur (Urnammu, Schulgi)

1793–1750: Hammurabi (Gründung des Altbabylonischen Reiches)

um 1600: Herrschaft der Hethiter über Babylon

um 1594: Herrschaft der Kassiten über Babylon

um 1100: Die Assyrer unter Tiglatpileser I. erobern Babylon

883–859: Assurnasirpal II.

859–824: Salamanassar III.

809–782: Adadnirari III. (Seine Mutter war Königin Semiramis, angebliche Erbauerin der »Hängenden Gärten« von Babylon)

745–727: Tiglatpileser III.

722–705: Sargon II.

704–681: Sanherib

Ägypten

5000–4000: Jungsteinzeit
Unterägypten: Kultur von Merimde-Beni Salame
Oberägypten: Tasa-Kultur
ab 4000: Kupfersteinzeit
Badari-Kultur, Negade-I-Kultur, Negade-II-Kultur

um 2900–2700: Frühzeit
Bauernkultur, Bevölkerung hamitisch-afrikanischer Herkunft, Herrschaft der 1. und 2. Dynastie, Einigung von Ober- und Unterägypten unter König Narmer (auch Menes genannt)

um 2700: Begründung des Alten Reiches durch König Zoser, Bau der Stufenpyramide und der Grabanlage von Sakkara durch den Architekten Imhotep

1 *2590–2469:* Herrschaft der 4. Dynastie, Zeitalter der Pyramidenbauer, Errichtung der Großen Pyramiden von Gizeh unter den Königen Cheops, Chephren und Mykerinos

um 2160: Auflösung des Alten Reiches

546: Kleinasien von den Persern erobert

um 513: Erster europäischer Feldzug des Dareios

500: Ionischer Aufstand gegen die Perser
um 500–450: Zeit der »frühen Klassik«: Aischylos, Pindar, Bau des Zeustempels in Olympia

490: Schlacht bei Marathon: Sieg der Athener über die Perser

480: Zweiter Zug der Perser unter Xerxes nach Griechenland, Schlacht bei den Thermopylen, Seesieg der Griechen bei Salamis, Aufstieg Athens zur Großmacht

449/48: Ende der Perserkriege und Friede mit Persien

3 *um 435–420:* Schöpfung der Zeusstatue von Olympia durch Phidias

431–404: Der Peloponnesische Krieg

386: Sogenannter Königsfriede zwischen dem persischen König, den Griechen und Sparta

356: Geburt Alexanders des Großen, Niederbrennung des älteren Tempels der Artemis in Ephesos
4 *um 356:* Brand des alten Artemisions und Baubeginn des hellenistischen Tempels der Artemis in Ephesos
5 Errichtung des Mausoleums von Halikarnass

336: Ermordung Philipps II. und Herrschaftsantritt seines Sohnes Alexander

332: Kampflose Besetzung Ägyptens, Zug Alexanders zum Tempel des Zeus-Ammon in der Oase Siwa, Gründung von Alexandria
331: Sieg bei Gaugamela über Dareios III., Einnahme von Persepolis
327–325: Zug Alexanders nach Indien

323: Tod Alexanders in Babylon, Auflösung seines Reiches, Entstehung des hellenistischen Staatensystems unter Alexanders Heerführern (Diadochen), Ptolemaios Soter gründet die Dynastie der Ptolemäer in Ägypten, Hauptstadt Alexandria

6 *um 300–280:* Errichtung des Kolosses von Rhodos
7 Bau des Pharos von Alexandria

668–626: Assurbanipal

625: Errichtung des Neubabylonischen Reiches unter Nabupolassar (625–605)

2 *604–562:* Nebukadnezar II. (Neuaufbau der Stadt Babylon und Errichtung der Hängenden Gärten)

587: Eroberung Jerusalems

539: Kyros II. von Persien erobert Babylon, Ende des Neubabylonischen Reiches und der politischen Selbständigkeit Mesopotamiens

600 500 400 300 200 100 Chr. Geb.

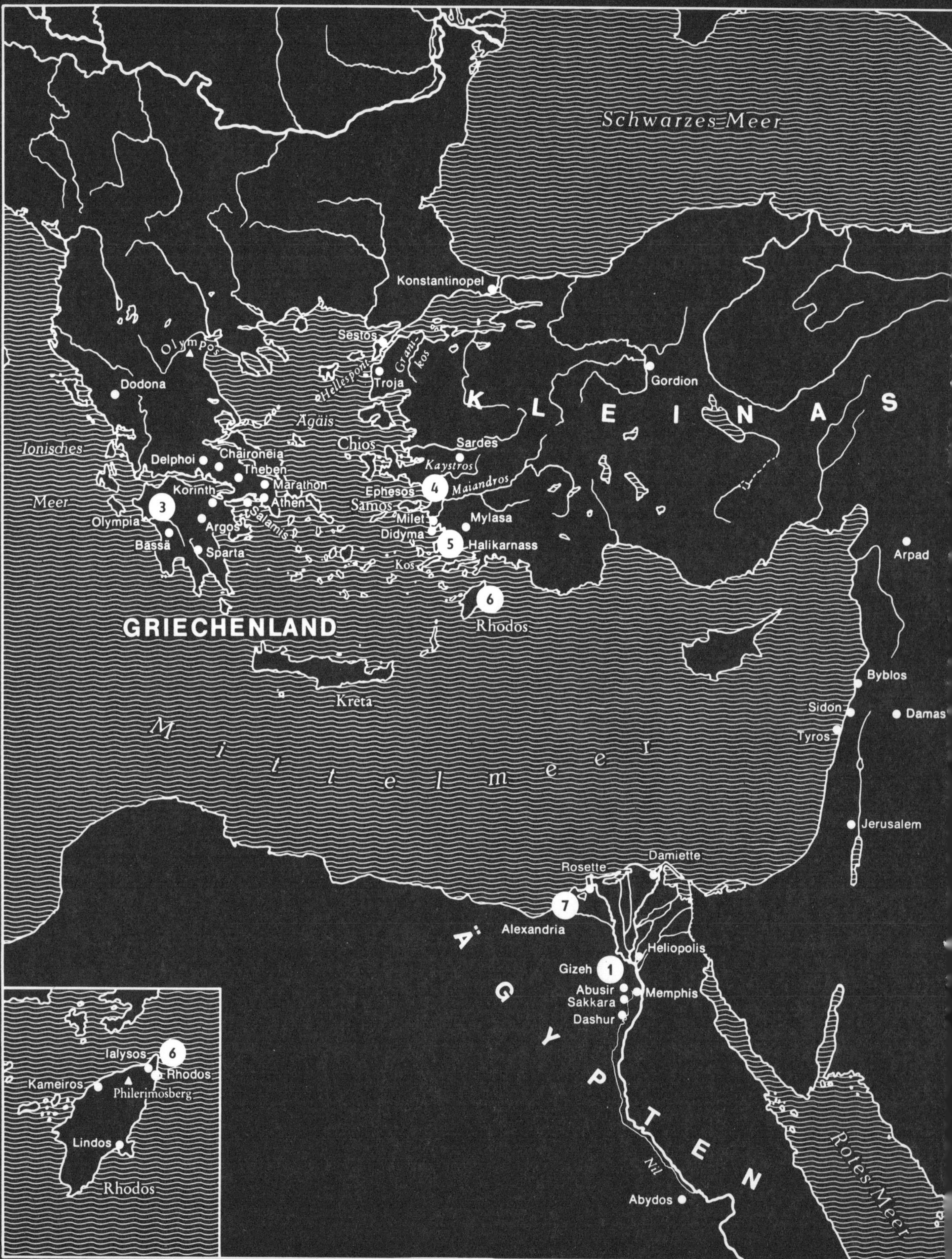
Schwarzes Meer
Konstantinopel
Sestos
Olympos
Hellespont
Granikos
Troja
Gordion
Dodona
KLEINASIEN
Ägäis
Ionisches Meer
Chios
Sardes
Delphoi
Chaironeia
Theben
Kaystros
Marathon
Korinth
Ephesos
Maiandros
Athen
Samos
Olympia
Salamis
Milet
Mylasa
Argos
Didyma
Bassä
Sparta
Halikarnass
Kos
Arpad
Rhodos
GRIECHENLAND
Kreta
Byblos
Sidon
Damas
Tyros
Mittelmeer
Jerusalem
Damiette
Rosette
Alexandria
Heliopolis
Gizeh
Abusir
Memphis
Sakkara
Dashur
ÄGYPTEN
Ialysos
Kameiros
Philerimosberg
Lindos
Nil
Rotes Meer
Abydos
1
3
4
5
6
7